아는만큼
재미있는

# 정보화

## 기초

## 이 책의 구성

### 학습 포인트

이번에 학습할 핵심 요소를 살펴봅니다.

### 학습 목표

무엇을 학습할지 알고 시작합니다.

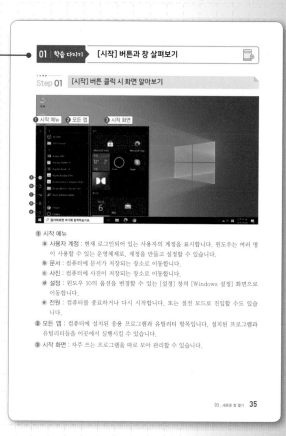

### 미리보기

학습 결과물을 미리 살펴봅니다.

### 학습 다지기

실습 전에 학습할 내용을 간단히 살펴 봅니다.

## 실력 다듬기

활용 예제를 통해 따라하기 방식으로
학습 내용을 익힙니다.

## 실력 다지기

응용 예제를 통해 학습 내용을 정리하고
복습합니다.

사용자 컴퓨터에 설치된 각 앱(프로그램)의 업데이
트 버전 또는 학습 시점의 사이트 리뉴얼 등에 따라
본 교재의 화면과 학습 화면이 다를 수 있습니다.

 이 책의 **목차**

# Part 03 한글 NEO

PART **01**

# 윈도우 10

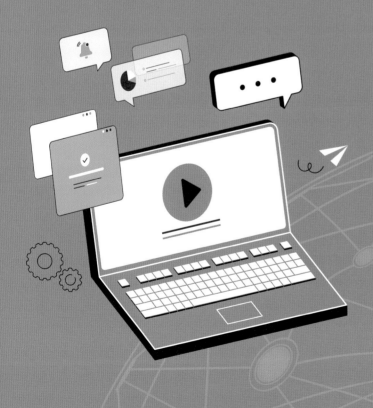

# 컴퓨터와 친해지기

학습 포인트

- 컴퓨터와 윈도우
- 하드웨어와 소프트웨어
- 컴퓨터 장치
- 바탕 화면 구성 요소
- 작업 표시줄 구성 요소
- 컴퓨터 켜고 끄기

문서를 작성하거나 영화를 보기 위해서는 컴퓨터 장치와 이것을 효율적으로 운영할 수 있는 프로그램인 운영체제가 필요합니다. 이번 장에서는 컴퓨터를 본격적으로 사용하기 전에 컴퓨터의 장치 구성과 운영체제 중 '윈도우'의 화면 구성 명칭과 기능에 대해 살펴보겠습니다. 컴퓨터를 작동하기 위해 바르게 컴퓨터를 켜고 끄는 것부터 시작해 봅니다.

   미리보기

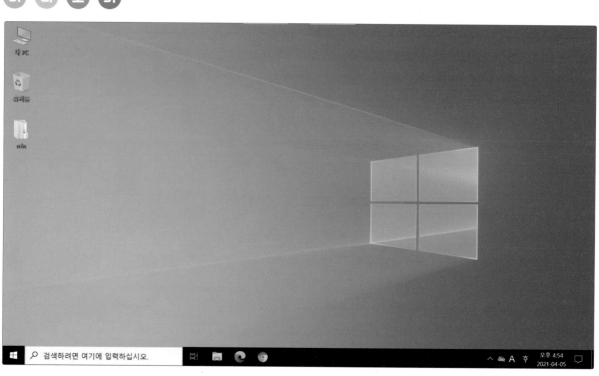

## Step 01　컴퓨터(Computer)

정보 검색, 뉴스 읽기, 게임, 이메일 등 우리 일상생활 곳곳에서 컴퓨터를 사용하고 있습니다. 이러한 컴퓨터는 '하드웨어(hardware)'라고 불리는 여러 가지 기계들이 서로 연결되어 하나의 시스템(system)을 이루고 있습니다. 하드웨어는 손으로 만질 수 있는 형태가 있는 장치로, 컴퓨터 본체를 비롯하여 모니터, 프린터, 마우스, 키보드와 같은 것을 말합니다. 그러나 이것만으로는 아무 것도 할 수가 없습니다. 만질 수는 없지만 컴퓨터 장치에 명령할 수 있는 프로그램인 '소프트웨어(software)'가 있어야 컴퓨터 시스템을 효율적으로 운영할 수 있으며, 문서도 만들고 영화도 볼 수 있습니다. 소프트웨어는 윈도우나 한글, 마이크로소프트 엣지(Microsoft Edge), 동영상 플레이어 등과 같은 것을 말합니다.

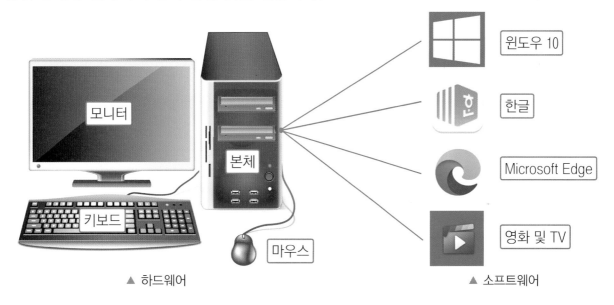

▲ 하드웨어　　　　　　　　　　　　　　　　▲ 소프트웨어

## Step 02　운영체제 : 윈도우(Windows)

소프트웨어 중에는 컴퓨터 사용자가 손쉽게 컴퓨터를 쓸 수 있게 도와주는 동시에 컴퓨터 시스템을 효율적으로 운영해주는 기능의 시스템 소프트웨어가 있습니다. '시스템 소프트웨어'는 컴퓨터 하드웨어의 제작 회사에 의해 제공되며, 흔히 '운영 체제(OS)'로 불립니다.

▲ 윈도우(Windows)

마이크로소프트사에서 개발하여 제공하는 운영체제는 '윈도우'라 하고, 애플사에서 만든 운영체제는 'iOS'라 합니다.

▲ iOS

윈도우는 컴퓨터에 명령을 내릴 때 키보드로 문자를 일일이 입력해 작업을 수행하는 명령어 인터페이스 대신 마우스로 아이콘 및 메뉴 등을 클릭해 명령할 수 있는 그래픽 사용자 인터페이스를 지원합니다. 'Windows', 즉 '창문들'이라는 이름 그대로 한 화면에서 여러 개의 창을 동시에 열어 작업할 수 있는 멀티태스킹 기능을 제공하며, 현재는 PC뿐 아니라 모바일 기기에도 작동되는 윈도우 10을 개발하여 서비스하고 있습니다.

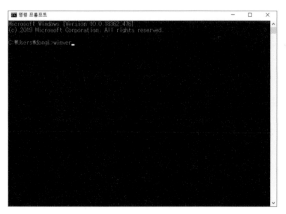

▲ 명령어 인터페이스(도스)　　　　　　　　　　▲ 그래픽 사용자 인터페이스(윈도우)

**응용 소프트웨어**

운영체제에서 실행되는 모든 소프트웨어를 뜻하며, 문서를 작성할 수 있는 한글, 인터넷을 볼 수 있는 마이크로소프트 엣지(Microsoft Edge), 동영상을 볼 수 있는 동영상 플레이어 등이 있습니다.

---

**Step 03　컴퓨터 기본 구성 장치**

컴퓨터 시스템은 기본적으로 컴퓨터 본체와 모니터, 키보드, 마우스로 구성되어 있으며, 프린트나 스피커 등과 같은 주변 장치가 있을 수 있습니다.

① 컴퓨터 본체(Desk)
본체 내부에는 컴퓨터를 작동하기 위한 하드웨어 장치들이 장착되어 있습니다.

### ② 모니터(Monitor)

컴퓨터의 출력 장치로, 컴퓨터에서 처리한 결과를 보여 줍니다.

### ③ 키보드(Keyboard)

컴퓨터의 입력 장치로, 컴퓨터가 동작하도록 지시를 내리거나 글자를 입력하여 문서를 작성합니다.

### ④ 마우스(Mouse)

컴퓨터의 입력 장치로, 그 모양이 쥐(mouse)와 비슷하다고 하여 붙여진 이름입니다. 컴퓨터 화면 위에서 커서 또는 아이콘 등을 이동하거나 앱(프로그램)을 실행/종료시킬 때 사용합니다.

### ⑤ 프린터

컴퓨터의 출력 장치로, 컴퓨터에서 처리된 정보를 사람이 눈으로 볼 수 있는 형태로 인쇄합니다.

### ⑥ 스피커

컴퓨터의 출력 장치로, 컴퓨터와 연결하여 소리를 재생해 주는 역할을 합니다.

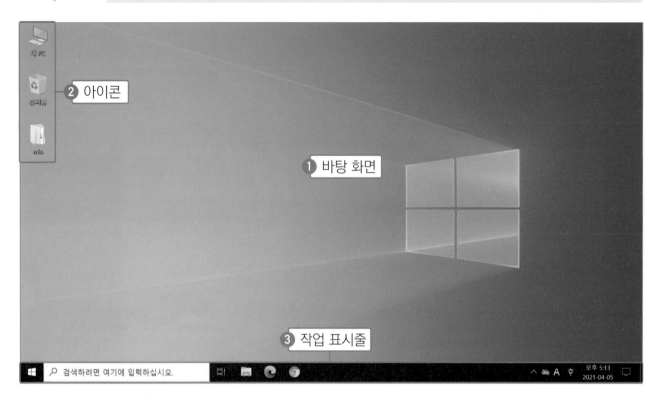

① 바탕 화면 : 윈도우가 시작되면 보이는 가장 기본이 되는 화면입니다.

② 아이콘 : 앱(프로그램)이나 기능을 알기 쉽도록 그림 형태로 표현합니다.

③ 작업 표시줄 : 화면 하단에 나타나는 [시작(■)] 버튼을 포함한 긴 막대 모양의 줄입니다.

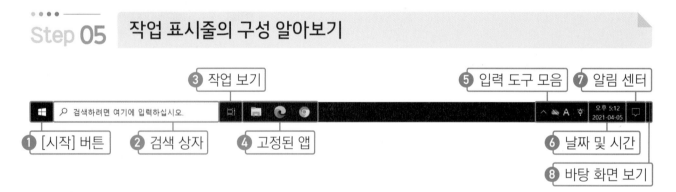

① 시작 버튼 : 시작 메뉴와 모든 앱, 시작 화면으로 구성되어 있습니다.

② 검색 상자 : 앱(프로그램)은 물론 파일, 폴더, 인터넷까지 여러 가지 검색을 할 수 있습니다.

③ 작업 보기 : 현재 사용하고 있는 창을 한눈에 보여 줍니다. 다른 작업 창으로 전환할 수 있고, 새 데스크톱을 실행할 수 있습니다.

④ **고정된 앱** : 작업 표시줄에 고정된 앱으로, 클릭하여 빠르게 앱(프로그램)을 실행할 수 있습니다. 자주 사용하는 앱을 추가하거나 삭제할 수 있습니다.

⑤ **입력 도구 모음** : 충전 상태, 인터넷 연결 상태, 각종 외부기기의 연결 상태 등을 확인할 수 있습니다. 한글과 영문 전환을 할 수도 있습니다.

⑥ **날짜 및 시간** : 현재 날짜 및 시간을 확인할 수 있습니다.

⑦ **알림 센터** : 각종 알림 및 설정을 제어할 수 있으며, 새로운 알림은 숫자로 표시됩니다.

⑧ **바탕 화면 보기** : 모든 창을 최소화하고 바탕 화면을 볼 수 있습니다.

## 검색 상자에서 검색하기

• 검색 상자에서 문자열을 입력하여 찾으면 앱, 웹 검색, 폴더, 문서 등으로 분류하여 찾아 줍니다. 사용자는 이 목록을 보고 원하는 파일이나 앱(프로그램)을 찾아 사용할 수 있습니다.

• 검색 상자가 보이지 않을 경우, 작업 표시줄의 빈 공간을 마우스 오른쪽 버튼으로 클릭해 나타나는 바로 가기 메뉴에서 [검색]–[검색 상자 표시]를 선택하여 표시합니다.

#### Step 01    컴퓨터 켜기

**01** 컴퓨터 본체의 전원과 모니터의 전원을 각각 누릅니다.

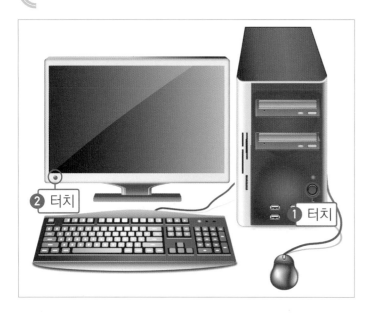

**참고** 컴퓨터에 스피커가 연결되어 있다면 스피커의 전원도 켜 줍니다.

터치

**02** 컴퓨터가 부팅이 되고 운영체제의 잠금 화면이 나타나면 화면 **아무 곳이나 클릭합니다.**

클릭

**참고** 사용자 컴퓨터의 환경에 따라 처음 나타나는 화면이 다를 수 있습니다. 로그인을 요청하거나 암호를 요청하는 화면이 표시될 수도 있습니다.

**01** 컴퓨터를 종료하기 위해서 먼저 작업 표시줄의 [시작(▦)] 버튼을 클릭합니다.

**02** [전원(⏻)]을 클릭한 후, [시스템 종료]를 선택하여 윈도우를 종료합니다.

컴퓨터 시스템을 종료할 때는 모든 앱(프로그램)이 종료된 후에 종료해야 합니다. 만약 종료되지 않은 앱(프로그램)이나 저장하지 않은 파일이 있는 경우 돌아가서 저장한 후에 종료하라는 경고음과 경고 메시지가 나타납니다.

### 시스템 종료

- **절전** : PC가 켜져 있지만 저전원 상태입니다. 앱(프로그램)은 열려 있으므로, 절전 모드를 해제하면 바로 이전 상태로 되돌아갑니다.
- **시스템 종료** : 앱(프로그램)을 모두 닫고 컴퓨터를 종료합니다.
- **다시 시작** : 앱(프로그램)을 모두 닫고 컴퓨터를 다시 시작합니다.

## 실력 다지기

**1** 컴퓨터 장치의 이름을 적어 봅니다.

**2** 다음 장치가 입력 장치인지 출력 장치인지 구분해 적어 봅니다.

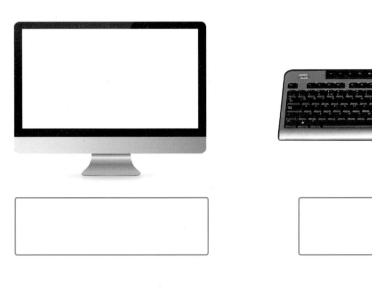

**3** 다음 중 컴퓨터 사용자가 손쉽게 컴퓨터를 쓸 수 있게 도와주는 동시에 컴퓨터 시스템을 효율적으로 운영해 주는 기능의 시스템 소프트웨어에 ○표를 해 봅니다.

**4** 바탕 화면의 구성 요소 이름을 적어 봅니다.

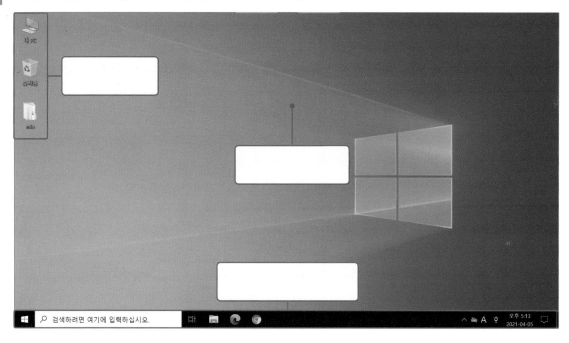

**5** 다른 앱에서 작업하는 도중에도 작업 표시줄의 어디를 클릭하면 바로 바탕 화면으로 이동할 수 있는지 해당 번호를 적어 봅니다.

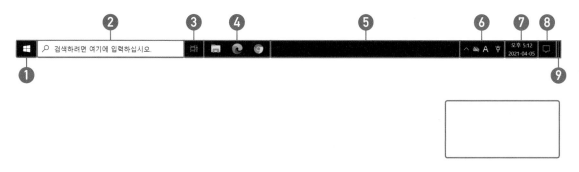

# 02 마우스랑 키보드랑 놀기

**학습 포인트**

- 마우스 사용법
- 마우스 연습 사이트 검색
- 마우스 동작 연습
- 키보드 사용법
- 한컴 타자연습 사이트 검색
- 한컴 타자연습

컴퓨터를 잘 다루려면 먼저 마우스와 키보드를 잘 다룰 수 있어야 합니다. 마우스 사용법

을 익혀서 게임을 통해 클릭이나 드래그 등을 연습하고, 키보드 사용법을 익힌 후 타자연

습 사이트에서 자리 연습부터 낱말과 문장 연습까지 해 보도록 하겠습니다.

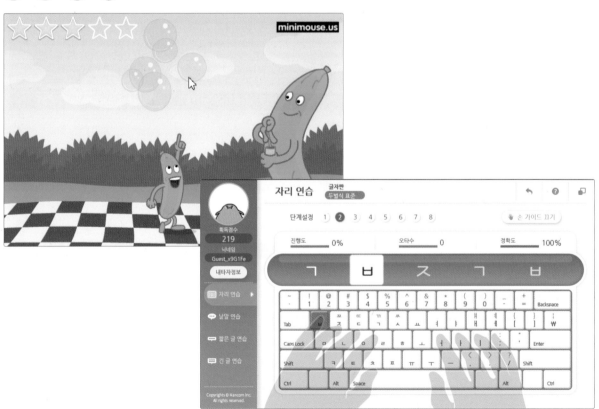

**Step 01** **마우스의 구성 알아보기**

마우스를 움직이면 모니터 화면 속의 마우스 포인터가 움직입니다. 주로 마우스의 왼쪽과 오른쪽의 버튼을 이용하여 명령을 내릴 때 사용합니다.

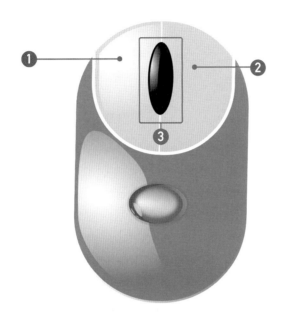

① **왼쪽 버튼** : 집게손가락으로 버튼을 한 번 또는 두 번 빠르게 눌러 사용하거나 버튼을 누른 채 마우스를 끌어서 사용합니다. 선택하거나 이동 또는 실행할 수 있습니다.

② **오른쪽 버튼** : 가운뎃손가락으로 버튼을 한 번 눌러 사용합니다. 바로 가기 메뉴를 불러올 수 있습니다.

③ **휠** : 집게손가락이나 가운뎃손가락을 사용하여 위쪽 방향이나 아래쪽 방향으로 휠을 돌려서 사용합니다. 이동 막대(스크롤 바)를 움직일 때 사용합니다.

**잠깐만요**

**마우스 포인터의 모양**

마우스 포인터의 모양에 따라 사용 중인지, 수직/수평 방향으로 크기 조절을 해야 하는지 등의 상태를 알 수 있습니다. 컴퓨터로 작업하면서 여러 가지 마우스의 포인터 모양을 볼 수 있습니다.

| 일반 선택 | ⬚ | 텍스트 선택 | I | 대각선 크기 조절 | ⬚ ⬚ |
|---|---|---|---|---|---|
| 도움말 선택 | ⬚ | 사용할 수 없음 | ⊘ | 이동 | ✥ |
| 사용중 | ○ | 수직/수평 크기 조절 | ↕ ↔ | 연결 선택 | 👆 |

보통 손가락과 손바닥으로 마우스를 감싸듯이 쥐어 사용합니다.

• 클릭 : 마우스 왼쪽 버튼을 한 번 누르는 동작입니다.

• 더블 클릭 : 마우스 왼쪽 버튼을 빠르게 두 번 누르는 동작입니다.

• 드래그 : 마우스 왼쪽 버튼을 누른 채 움직이는 동작입니다.

• 오른쪽 버튼 클릭 : 마우스 오른쪽 버튼을 한 번 누르는 동작입니다.

• 스크롤 : 휠을 위쪽 방향이나 아래쪽 방향으로 돌리는 동작입니다.

기본적으로 알아두어야 할 키와 그 키의 기능입니다.

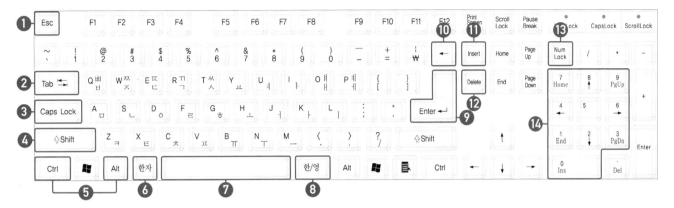

① **Esc** (이에스씨) : 작업을 취소하거나 그 전 단계로 복귀합니다.

② **Tab** (탭) : 정해진 위치만큼 커서를 이동합니다.

③ **Caps Lock** (캡스 락) : 영문 대/소문자를 선택(키보드 오른쪽 숫자 키패드 위의 'Caps Lock'에 불이 들어오면 영문 대문자로 입력됨)합니다.

④ **Shift** (시프트) : 키보드의 윗글쇠 (예 !, @, #, {, ㄲ, ㄸ, ㅉ, ㅃ, }) 등을 입력할 때 사용하거나 영문 대/소문자를 반전합니다.

⑤ **Ctrl** (컨트롤)/ **Alt** (알트) : 다른 키와 서로 혼합해서 사용하는 조합 키(예 **Ctrl** + **C** = 복사, **Ctrl** + **V** = 붙여 넣기)입니다.

⑥ **한자** : 한글을 한자로 변환합니다.

⑦ **Space Bar** (스페이스 바) : 빈 칸을 삽입할 때 사용합니다.

⑧ **한/영** : 한 번 누를 때마다 한글/영어를 전환합니다.

⑨ **Enter** (엔터) : 줄을 바꿀 때나 명령을 실행할 때 사용합니다.

⑩ **Backspace** (백 스페이스) : 커서 앞(왼쪽)의 글자를 지울 때 사용합니다.

⑪ **Insert** (인서트) : 커서의 삽입/수정 상태 바꿀 때 사용합니다.

⑫ **Delete** (딜리트) : 커서 뒤(오른쪽)의 글자를 지울 때 사용합니다.

⑬ **Num Lock** (넘 락) : 숫자 키패드의 사용 여부를 선택합니다.

⑭ **숫자 키패드** : 키보드 오른쪽 숫자 키패드 위에 'Num Lock'에 불이 들어오면 숫자가 입력되고 꺼져 있으면 방향키로 사용합니다.

**01** 작업 표시줄의 검색 상자를 클릭합니다. 커서가 깜박이면 'minimouse'라고 입력합니다. 검색 결과에서 [웹 결과 보기]를 클릭합니다.

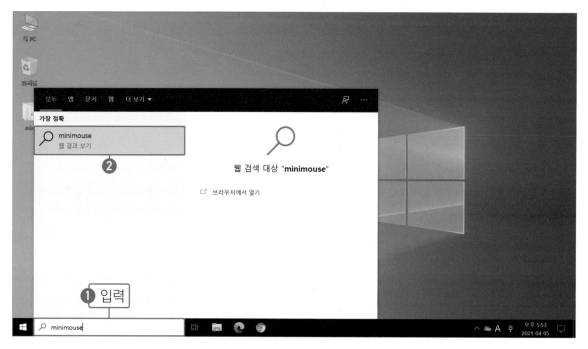

**02** 인터넷이 컴퓨터와 연결되어 있다면 바로 'Microsoft Edge' 앱이 실행되면서 웹에서의 검색 목록이 나타납니다. [Practice your mousing....]를 클릭합니다.

**03** 외국 사이트가 나타납니다. 이동 막대(스크롤 바)를 아래로 드래그하거나 마우스의 휠을 아래로 돌려 화면을 이동합니다.

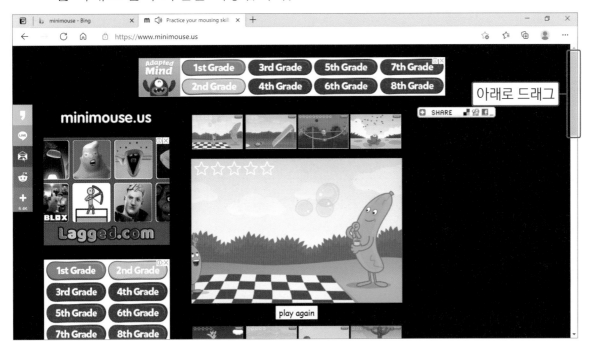

**04** 화면의 아래쪽에 게임에 대한 설명이 나타납니다. 마우스 오른쪽 버튼을 클릭한 후 [한국어으(로) 번역]을 클릭합니다.

**05** 한국어로 번역되어 나타납니다. 게임에 대한 설명을 읽고, 이동 막대(스크롤 바)를 위로 드래그하거나 마우스의 휠을 위로 돌립니다.

**06** 마우스 동작을 연습해 봅니다. 다시 하려면 [다시 재생] 버튼을 클릭합니다.

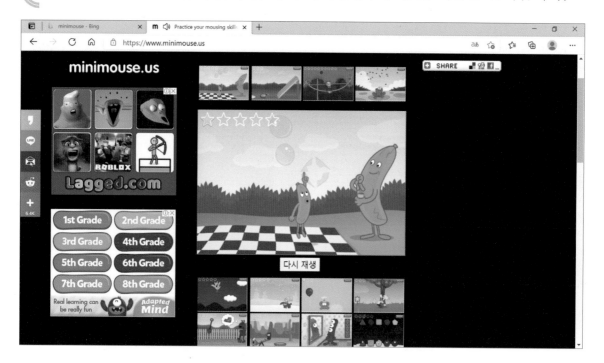

**07** 다른 게임을 클릭해 다른 마우스 동작도 연습해 봅니다.

**Step 01** ‘한컴타자연습’ 사이트 접속하기

**01** 작업 표시줄의 검색 상자에 ‘한컴타자연습’이라고 입력한 후 검색된 목록 중 [웹 결과 보기]를 클릭합니다.

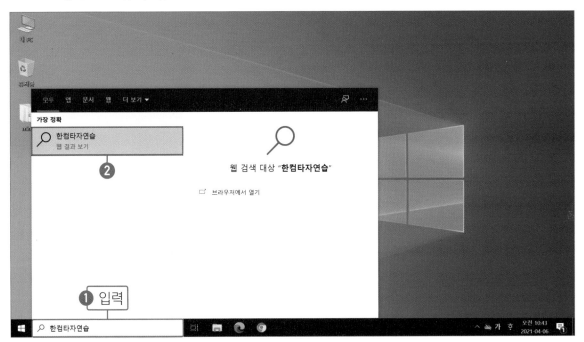

**02** 검색된 웹 사이트 중에 ‘한컴 타자연습’을 클릭합니다.

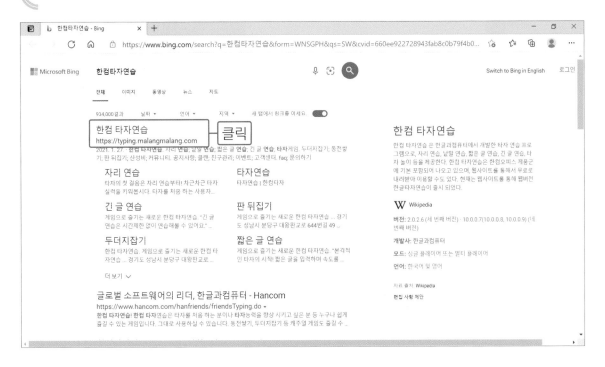

**03** [한컴 타자연습 시작] 버튼을 클릭합니다.

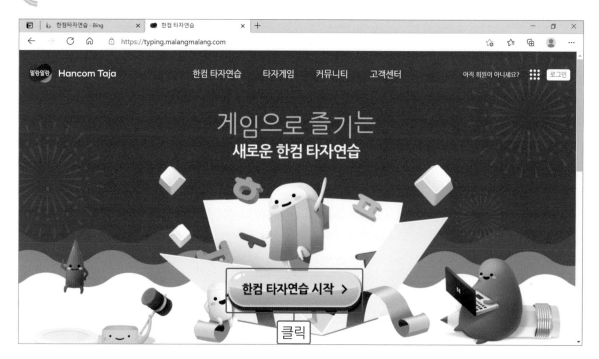

**04** 로그인 관련 메시지가 나타나면 [취소] 버튼을 클릭합니다. 웹 브라우저의 팝업 차단 관련 안내 메시지가 나타나면 '7일간 보지 않기'를 클릭하여 체크한 후, [확인] 버튼을 클릭합니다.

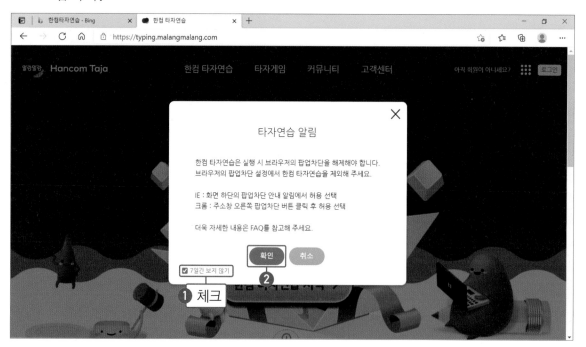

**잠깐만**

**팝업 차단 해제 방법**

화면 오른쪽 상단의 [설정 및 기타(···)]를 클릭한 후 [설정]을 선택합니다. [설정] 탭이 나타나면 왼쪽의 [설정]에서 [쿠키 및 사이트 권한]을 선택한 후, 오른쪽의 [사이트 권한] 중 [팝업 및 리디렉션]을 클릭합니다. [차단(권장)] 옆의 🔵(켬)을 클릭하여 ⚪(끔)으로 설정을 변경할 수 있습니다.

**05** 팝업 창이 나타나면 로딩될 때까지 기다립니다.

**타자 연습하기 : 자리 연습**

**01** [자리 연습]에서 [1단계]를 클릭합니다.

화면 오른쪽의 ⚙를 클릭하면 '글자판', '언어', '소리', '손가락 가이드'를 설정할 수 있습니다.

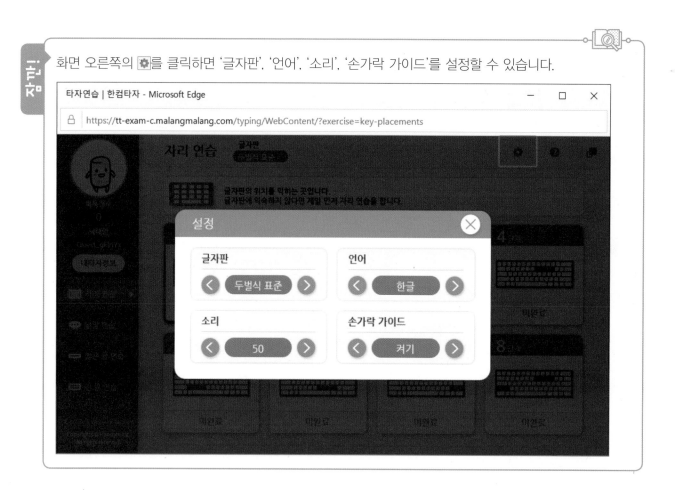

**02** 화면의 키보드에 손가락 가이드가 보이면 사용자도 실제 키보드의 같은 자리에 손가락을 위치시킵니다. 제시된 'ㅏ'에 알맞은 손가락 위치와 **빨간색**으로 키의 위치를 화면 키보드에서 알려줍니다. 실제 키보드에서 해당하는 위치의 키를 누릅니다. 맞으면 정확도에 표시되고, 틀리면 오타수에 표시됩니다.

제시된 글쇠는 연습할 때마다 다르게 제시됩니다.

**03** 제시된 글쇠를 모두 입력하여 진행도가 100%가 되면 [자리 연습 결과] 창이 나타나 총 타수, 오타수, 정확도, 연습시간을 표시합니다. [다음단계] 버튼을 클릭합니다.

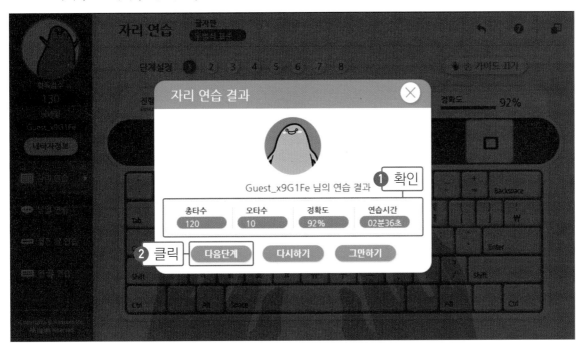

**04** 다음 단계도 같은 방법으로 제시된 글쇠를 자리에 맞게 연습합니다.

> 오타수가 많을 경우에는 다음 단계로 넘어가지 못합니다. 현재 단계를 정확도를 높여서 완료를 해야만 다음 단계를 연습할 수 있습니다.

**01** 다음 단계까지 모든 자리 연습을 완료하면 왼쪽에서 [낱말 연습]을 클릭합니다. 낱말 연습도 [1단계]부터 시작합니다.

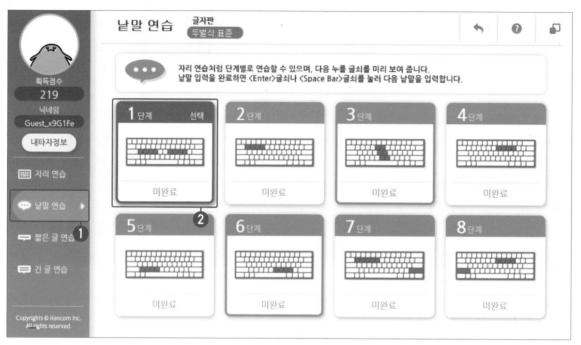

**02** 제시된 낱말에 맞게 키보드의 키를 눌러 입력합니다. 제시된 낱말을 입력한 후 Space Bar 키나 Enter 키를 눌러 다음 낱말을 입력합니다.

**03** 제시된 낱말을 모두 입력하면 자리 연습과 마찬가지로 [낱말 연습 결과] 창이 나타납니다.

**01** 다음 단계까지 모든 자리 연습을 완료하면 왼쪽에서 [짧은 글 연습]을 클릭한 후 원하는 카테고리를 클릭합니다.

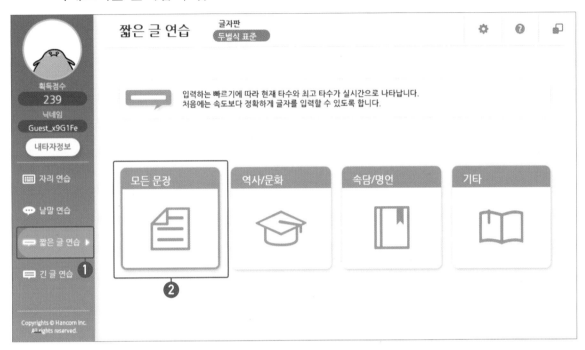

**02** 제시된 문장을 입력합니다. 각 낱말 사이의 빈 칸은 Space Bar 키를 누르고, 문장이 끝나면 마침표인 . 키를 누른 후 Space Bar 키나 Enter 키를 눌러 다음 문장을 입력합니다.

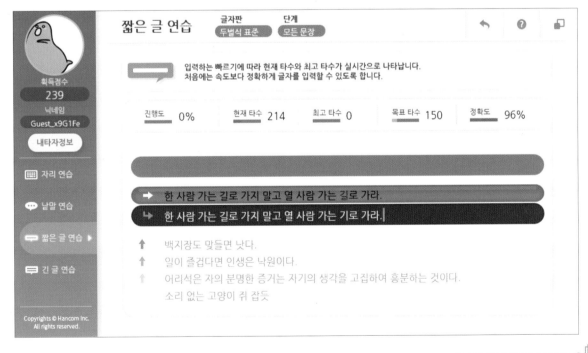

처음 문장을 연습할 때는 빠르게 입력하는 것보다 정확하게 자리에 맞게 입력하는 것이 중요합니다.

**01** 짧은 글 연습도 완료하면 [긴 글 연습]을 클릭합니다. 원하는 주제의 탭을 클릭한 후 긴 글 목록 중 하나를 선택하고 [타자 검정] 버튼이나 [긴 글 연습] 버튼을 클릭하여 연습을 시작합니다.

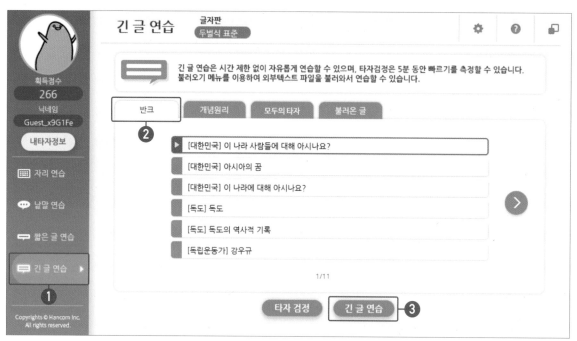

**02** 제시된 문장을 입력합니다.

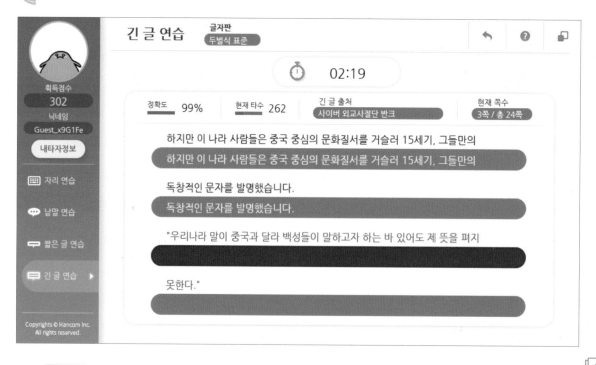

[타자 검정] 버튼을 클릭하면 5분 동안 빠르기를 측정할 수 있고, [긴 글 연습] 버튼을 클릭하면 시간 제한 없이 자유롭게 연습할 수 있습니다.

**1** 마우스에서 위쪽 방향이나 아래쪽 방향으로 돌려서 화면을 올리거나 내릴 때 사용하는 것의 위치를 찾아 해당 번호를 적어 봅니다.

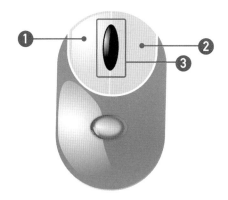

**2** 영문 대/소문자를 반전시킬 때 사용하는 키를 찾아 적어 봅니다.

**3** 한컴 타자연습 사이트에서 [낱말 연습]의 [7단계]를 실행한 후 손가락 가이드를 끄고 연습해 봅니다. 오타수와 정확도를 적어 봅니다.

• 오타수

• 정확도

# 03 새로운 창 열기

**학습 포인트**

- 시작 화면에 앱 고정
- 시작 화면에 앱 이동
- 시작 화면에 앱 크기 조정
- 시작 화면에 앱 그룹화
- 창 조절 버튼
- 창 크기 조절
- 창 이동
- 창 스냅 기능

자주 쓰는 앱은 고정하고, 잘 쓰지 않는 앱은 제거하고, 앱을 이동해서 배치하고, 그룹화 하는 등 시작 화면을 구성하는 방법에 대해 알아보겠습니다. 창의 크기를 조절하고 이동 하는 방법과 윈도우 10의 스냅 기능을 활용하여 한 화면을 4개의 창으로 분할해서 동시 에 작업할 수 있는 방법도 함께 알아보겠습니다.

## Step 01 [시작] 버튼 클릭 시 화면 알아보기

① 시작 메뉴

ⓐ **사용자 계정** : 현재 로그인되어 있는 사용자의 계정을 표시합니다. 윈도우는 여러 명이 사용할 수 있는 운영체제로, 계정을 만들고 설정할 수 있습니다.

ⓑ **문서** : 컴퓨터에 문서가 저장되는 장소로 이동합니다.

ⓒ **사진** : 컴퓨터에 사진이 저장되는 장소로 이동합니다.

ⓓ **설정** : 윈도우 10의 옵션을 변경할 수 있는 [설정] 창의 [Windows 설정] 화면으로 이동합니다.

ⓔ **전원** : 컴퓨터를 종료하거나 다시 시작합니다. 또는 절전 모드로 진입할 수도 있습니다.

② **모든 앱** : 컴퓨터에 설치된 응용 프로그램과 유틸리티 항목입니다. 설치된 프로그램과 유틸리티들을 이곳에서 실행시킬 수 있습니다.

③ **시작 화면** : 자주 쓰는 프로그램을 따로 모아 관리할 수 있습니다.

윈도우에서는 각 앱(프로그램)이 실행될 때 한 화면, 즉 사각형 창에서 실행됩니다. 앱(프로그램)이 달라도 창의 모습은 다음처럼 사각형이며, 창 조절 버튼을 사용하여 창 크기를 조절할 수 있습니다.

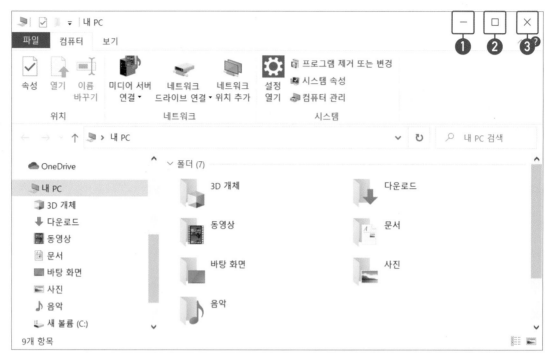

❶ ─(최소화) : 바탕 화면에서 창은 사라지고 작업 표시줄로 최소화 합니다.

❷ □(최대화) / □(이전 크기로 복원) : 바탕 화면 전체로 화면이 최대화하거나 이전의 창 크기로 되돌립니다.

❸ ×(닫기) : 창을 닫아 줍니다.

⊞ 키를 활용한 창 조절 바로 가기 키

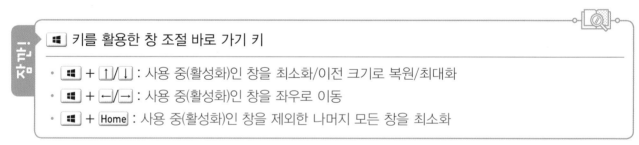

- ⊞ + ↑/↓ : 사용 중(활성화)인 창을 최소화/이전 크기로 복원/최대화
- ⊞ + ←/→ : 사용 중(활성화)인 창을 좌우로 이동
- ⊞ + Home : 사용 중(활성화)인 창을 제외한 나머지 모든 창을 최소화

---

**Step 01** 시작 화면 크기 조절하기

**01** [시작(▦)] 버튼을 클릭한 후 시작 화면의 오른쪽 끝으로 마우스 포인터를 이동합니다. 마우스 포인터의 모양이 ⇔일 때 드래그합니다.

**02** 원하는 크기일 때 누르고 있는 마우스 버튼에서 손가락을 떼면 크기가 변경된 것을 확인할 수 있습니다.

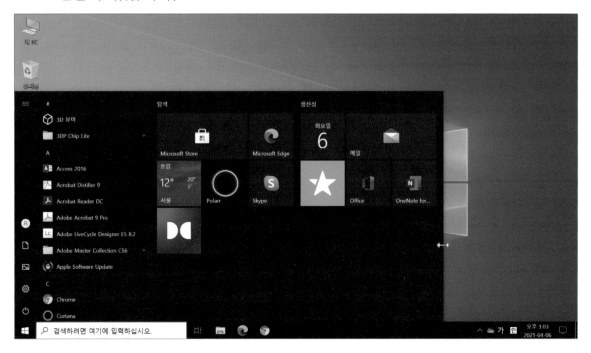

**01** 모든 앱에서 시작 화면에 고정하고 싶은 앱을 마우스 오른쪽 버튼으로 클릭합니다. 바로
가기 메뉴가 나타나면 [시작 화면에 고정]을 클릭하여 선택합니다.

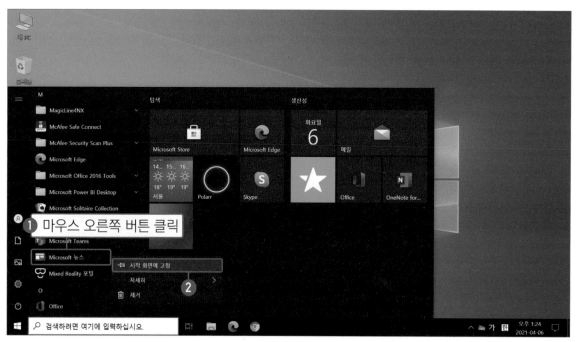

**02** 선택한 앱이 시작 화면에 고정된 것을 확인할 수 있습니다.

**03** 이번에는 다른 방법으로 앱을 고정해 보도록 하겠습니다. 시작 화면에 고정하고 싶은 앱을 모든 앱에서 시작 화면으로 드래그합니다.

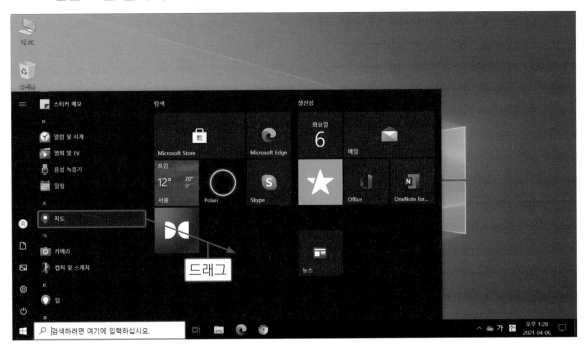

**04** 원하는 위치에서 누르고 있는 마우스 버튼에서 손가락을 떼면 선택한 앱이 시작 화면에 고정된 것을 확인할 수 있습니다.

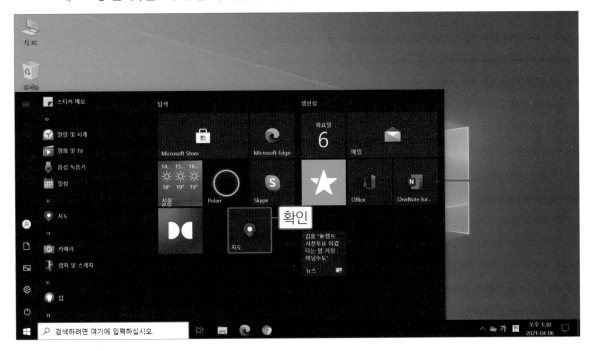

**01** 시작 화면에서 제거하고 싶은 앱을 마우스 오른쪽 버튼으로 클릭합니다. 바로 가기 메뉴가 나타나면 [시작 화면에서 제거]를 클릭하여 선택합니다.

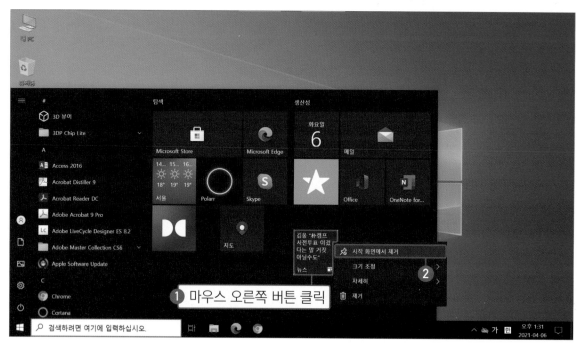

**02** 시작 화면에서 선택한 앱이 제거된 것을 확인할 수 있습니다.

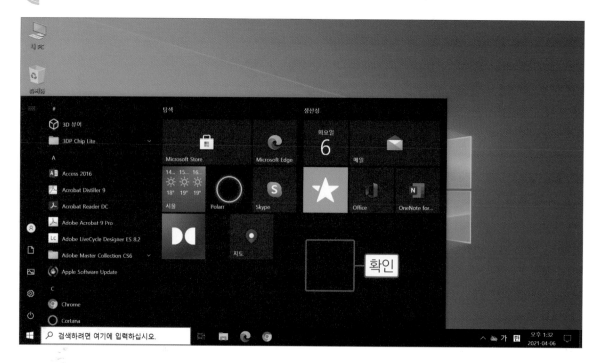

**01** 시작 화면에서 이동하고 싶은 앱을 원하는 곳으로 드래그하여 이동합니다.

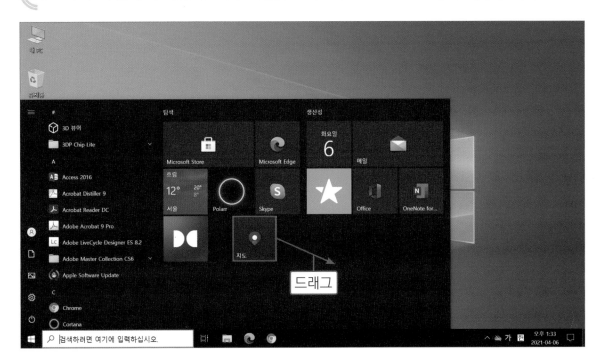

**02** 시작 화면에서 크기를 조정하고 싶은 앱을 마우스 오른쪽 버튼으로 클릭합니다. 바로 가기 메뉴가 나타나면 [크기 조정]-[넓게]를 클릭하여 선택합니다.

**03** 크기가 넓어진 것을 확인합니다. 원하는 크기대로 시작 화면의 타일 크기를 조정할 수 있습니다.

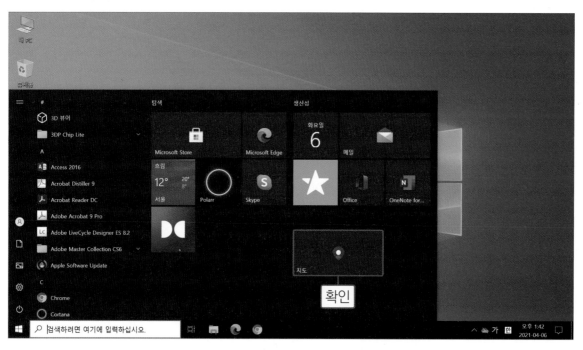

시작 화면의 앱 그룹화하기

**01** 시작 화면의 앱 위의 빈 공간에 마우스 포인터를 이동하면 숨겨져 있던 그룹 구분선을 확인할 수 있습니다. 그룹 구분선을 클릭합니다.

**02** 이름 상자가 활성화되면 그룹 이름(여기서는 '지역정보')을 입력하고 Enter 키를 누릅니다.

**03** 그룹의 이름이 입력되어 구분되는 것을 확인할 수 있습니다.

그룹 구분선의 그룹 이름을 클릭하면 현재 그룹 이름을 지우고 다른 이름으로 입력할 수 있습니다.

## Step 01 창 크기 조절하기 : 창 조절 버튼 활용

**01** [시작(■)] 버튼을 클릭한 후, 시작 메뉴 중 [문서(🗋)]를 클릭합니다.

**02** [문서] 창이 바탕 화면에 나타납니다. [문서] 창의 □(최소화) 버튼을 클릭합니다.

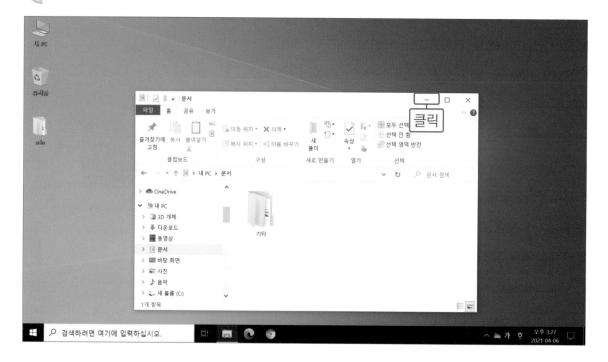

**03** 창이 최소화되어 바탕 화면에 표시되지 않는 것을 확인할 수 있습니다. 아이콘 위로 마우스 포인터를 이동하면 미리 보기 화면이 나타납니다. **작업 표시줄의 아이콘을 클릭하거나 미리 보기 화면을 클릭합니다.**

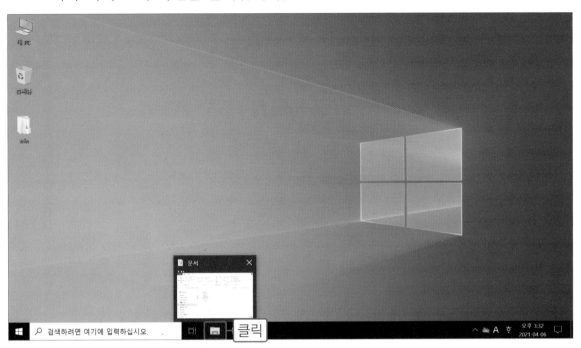

**잠깐만요** 창을 최소화하는 다른 방법

• **방법-1** : 작업 표시줄에서 최소화하고 싶은 창의 아이콘을 클릭합니다.

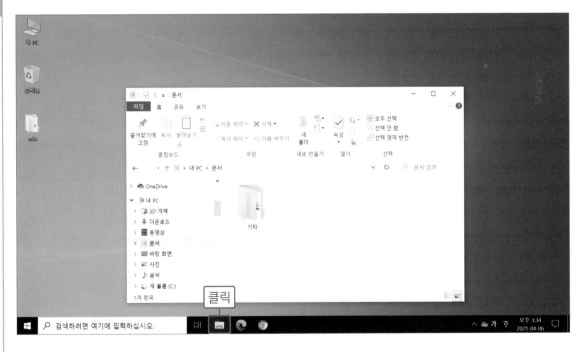

- **방법-2** : 창의 제목 표시줄을 클릭한 상태에서 마우스를 좌우로 여러 번 움직이면 선택한 창 이외의 모든 창을 최소화합니다.

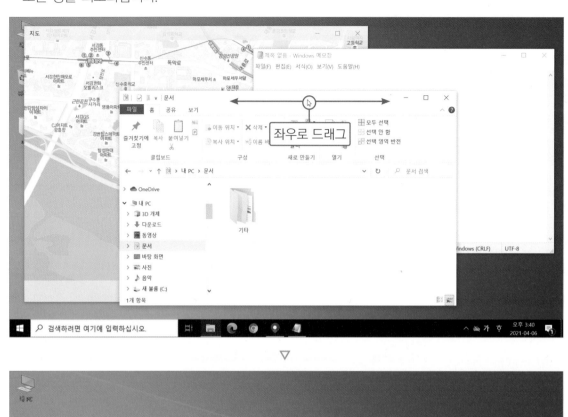

▽

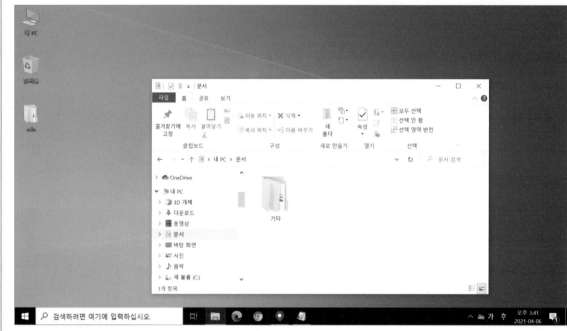

**04** 이전 크기로 창이 복원되었습니다. 창 조절 버튼 중 □(최대화) 버튼을 클릭합니다.

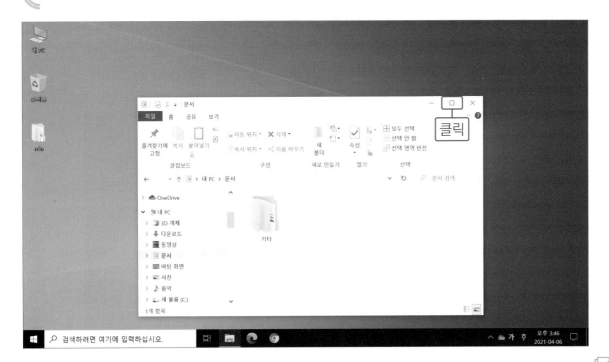

또 다른 방법으로, 창의 제목 표시줄을 더블 클릭하면 창이 최대화되어 화면 전체를 채우게 됩니다.

**05** 창이 최대화되어 화면 전체를 채웁니다. 창 조절 버튼 중 ▣(이전 크기로 복원) 버튼을 클릭합니다. 창의 크기가 이전으로 복원됩니다.

또 다른 방법으로, 최대화된 창의 제목 표시줄을 더블 클릭하면 이전 크기로 복원됩니다.

01 창의 경계선이나 모서리로 마우스 포인터를 이동합니다. 마우스 포인터의 모양이 ↕나 ↔, ⤡나 ⤢로 변경되면 드래그하여 크기를 조절합니다.

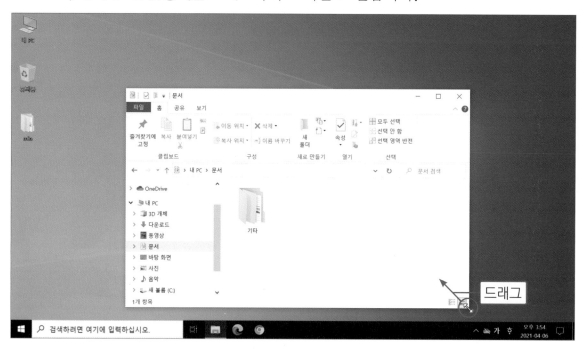

02 원하는 크기로 창의 크기가 조절되면 누르고 있는 마우스 버튼에서 손가락을 뗍니다.

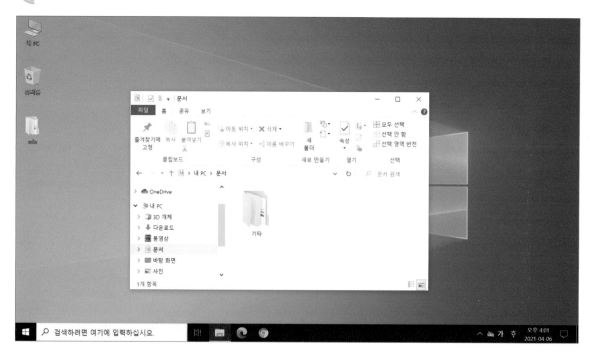

**01** 창의 제목 표시줄을 원하는 위치로 드래그합니다.

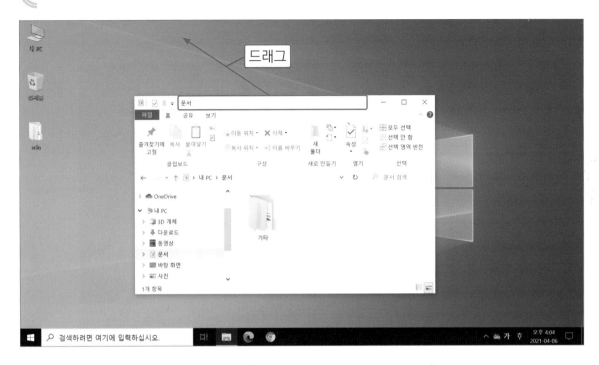

**02** 원하는 위치에서 누르고 있는 마우스 버튼에서 손가락을 떼면 창의 위치가 이동된 것을 확인할 수 있습니다. ✕(닫기) 버튼을 클릭합니다.

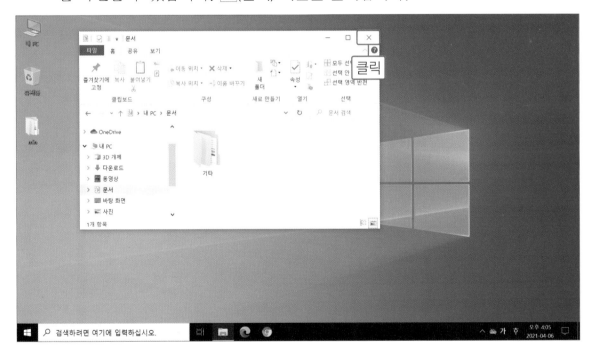

**01** [시작(⊞)] 버튼을 클릭한 후, 모든 앱에서 [Windows 보조 프로그램]을 찾아 클릭합니다. 숨겨져 있던 목록이 나타나면 [그림판]을 클릭하여 선택합니다. 같은 방법으로 '워드패드'와 '메모장'도 선택하여 엽니다.

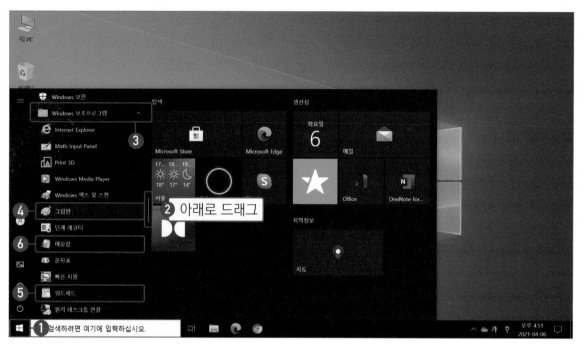

**02** 바탕 화면의 '내 PC'를 더블 클릭합니다. 맨 나중에 실행한 창이 맨 앞에 표시된 것을 확인할 수 있습니다. 작업 표시줄에 실행한 앱들이 아이콘으로 표시되어 있습니다. 그 중 📰(워드패드) 아이콘을 클릭합니다.

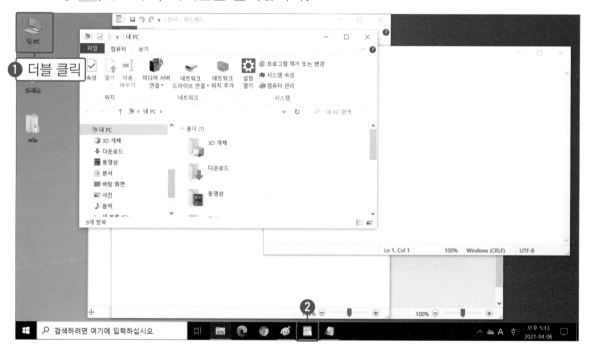

**03** 가려져 있던 [워드패드] 창이 맨 앞으로 표시되는 것을 확인할 수 있습니다. [워드패드] 창의 제목 표시줄을 화면의 오른쪽 끝으로 드래그합니다.

**04** 창이 겹쳐서 희미하게 나타날 때 누르고 있는 마우스 버튼에서 손가락을 뗍니다.

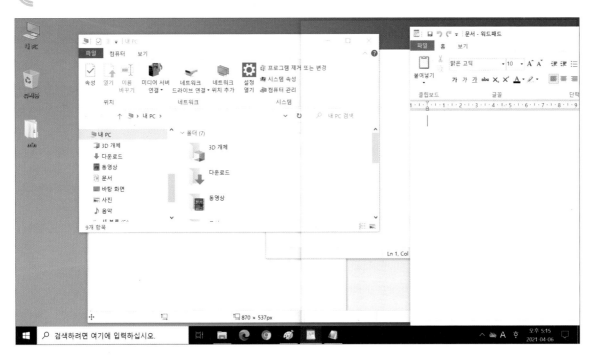

**05** 좌우로 분할되고, 나머지 창들은 자동으로 반대편에 정렬됩니다. 정렬된 창 중에서 하나를 선택합니다.

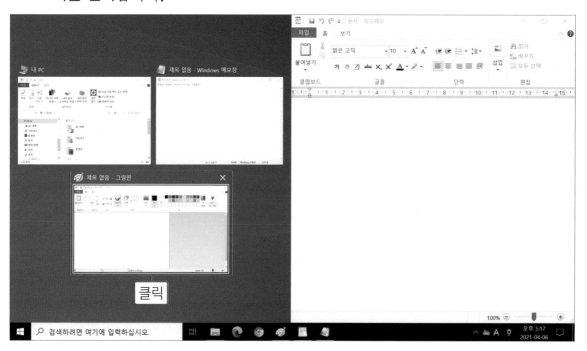

**06** 선택한 창이 왼쪽에 채워져 2개의 창에서 작업할 수 있게 됩니다. 계속해서 이번에는 오른쪽 창의 제목 표시줄을 오른쪽 위 모서리로 드래그합니다.

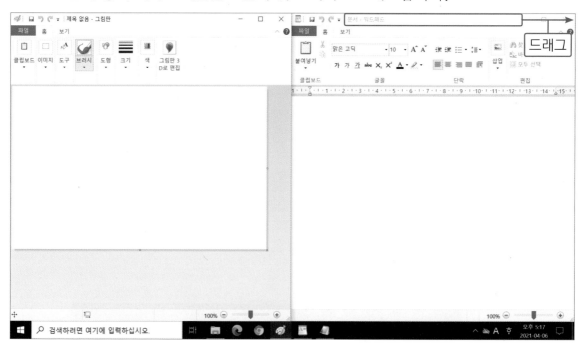

**07** 위와 아래로 분할되고, 아래쪽에 나머지 창들이 정렬됩니다. 정렬된 창 중에서 하나를 선택합니다.

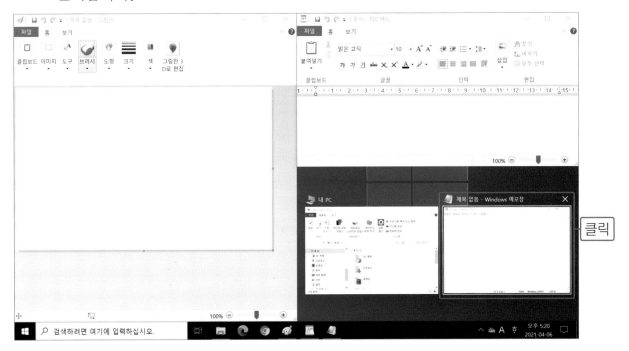

**08** 선택한 창이 오른쪽 아래에 채워져 3개의 창에서 작업할 수 있게 됩니다. 계속해서 이 번에는 왼쪽 창의 제목 표시줄을 왼쪽 위 모서리로 드래그합니다.

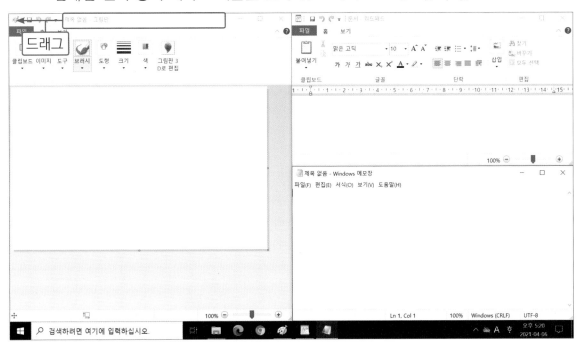

**09** 다시 위와 아래로 분할되고, 아래쪽에 나머지 창들이 정렬됩니다. 정렬된 창 중에서 하나를 선택합니다.

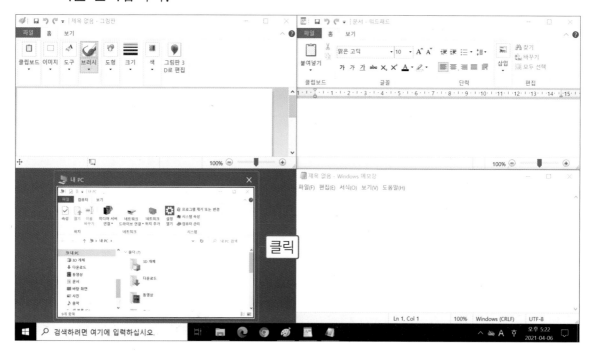

**10** 4개의 창에서 동시에 작업할 수 있습니다. 큰 모니터로 작업할 때 사용하면 더 편리합니다.

**■ 키를 사용해서 창을 한꺼번에 최소화하기**

여러 창을 한꺼번에 최소화시키려면 ■ + D 키를 누릅니다. 다시 이전 크기로 복원하려면 ■ + D 키를 누릅니다.

**1** 다음과 같이 시작 화면의 '지역정보' 그룹을 삭제하고, '취미' 그룹을 만들어 봅니다.

힌트

- 시작 화면에서 삭제하고 싶은 앱을 마우스 오른쪽 버튼으로 클릭한 후, [시작 화면에서 제거]를 선택합니다.
- '취미' 그룹에는 'Grove 음악' 앱과 '영화 및 TV' 앱을 추가한 후, 각각 마우스 오른쪽 버튼을 [크기 조정]–[작게]를 선택합니다.

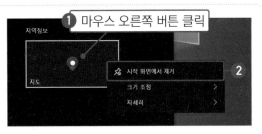

**2** 'Microsoft Edge'와 '휴지통'을 실행한 후 두 창을 스냅 기능을 활용하여 화면을 2 분할해 봅니다.

# 04 윈도우 기본기 익히기

**학습 포인트**

- 바로 가기 아이콘
- 아이콘 숨기기
- 아이콘 정렬
- 작업 표시줄 크기 조정
- 작업 표시줄 이동
- 작업 표시줄 숨기기
- 고정된 앱 추가/제거

아이콘 생성, 아이콘 정렬 등 바탕 화면의 이이콘을 관리하는 방법과 작업 표시줄의 크기 조정, 위치 이동 등 작업 표시줄을 관리하는 방법에 대해 알아보겠습니다. 바탕 화면의 아이콘과 작업 표시줄을 모두 숨겨서 화면을 깨끗하고 넓게 사용하는 방법도 함께 알아보겠습니다.

 미리보기

## 바탕 화면 아이콘과 작업 표시줄 살펴보기

### Step 01  바탕 화면 아이콘

바탕 화면에는 자주 사용하는 앱 또는 파일이나 폴더의 아이콘을 모아 두었습니다. 아이콘을 더블 클릭하면 해당 앱을 실행할 수 있습니다.

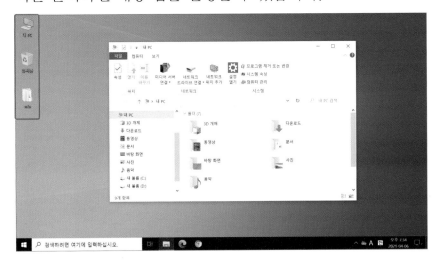

 바탕 화면에 표시된 아이콘의 구성은 사용자의 컴퓨터 설정 환경에 따라 교재와 다를 수 있습니다.

### Step 02  작업 표시줄 설정

바탕 화면에서 작업 표시줄을 숨겨 바탕 화면을 넓게 사용하고 싶거나 작업 표시줄을 원하는 곳으로 이동시키고 싶다면 작업 표시줄을 마우스 오른쪽 버튼으로 클릭한 후 바로 가기 메뉴에서 [작업 표시줄 설정]을 선택하면 나타나는 [설정] 창의 [작업 표시줄] 화면에서 설정을 변경해야 합니다.

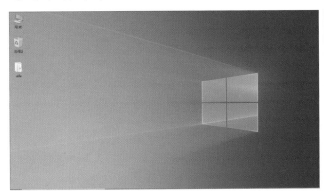

▲ 작업 표시줄 숨기기

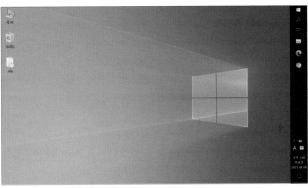

▲ 작업 표시줄 이동하기

**01** [시작(■)] 버튼을 클릭한 후, 모든 앱에서 바탕 화면에 바로 가기 아이콘을 만들려는 앱(여기서는 'Microsoft Edge')을 바탕 화면으로 드래그합니다.

**02** 바탕 화면에 바로 가기 아이콘이 추가된 것을 확인할 수 있습니다.

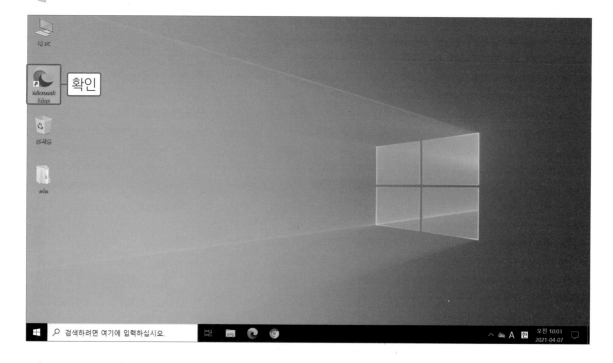

**03** 같은 방법으로 모든 앱의 [날씨]를 바탕 화면으로 드래그하여 바탕 화면에 바로 가기 아이콘을 추가합니다.

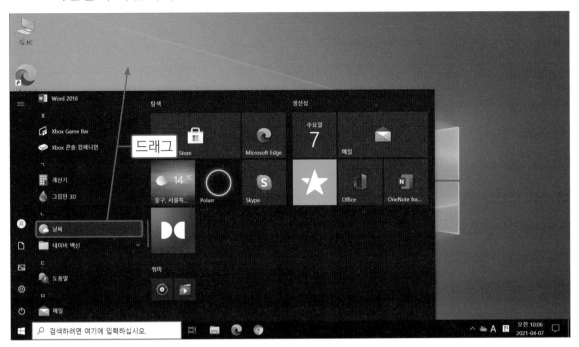

**04** 바탕 화면에 바로 가기 아이콘이 추가된 것을 확인합니다.

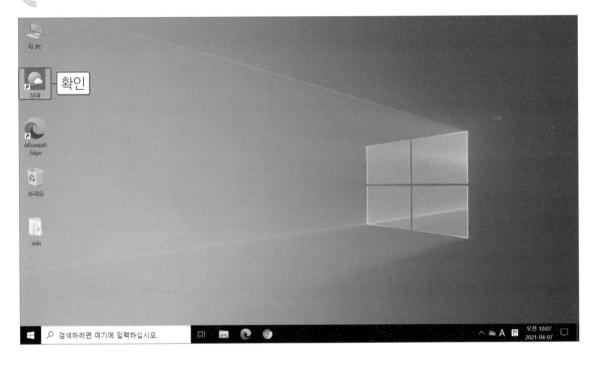

**01** 바탕 화면의 아이콘을 숨겨서 바탕 화면을 깔끔하게 표시해 보겠습니다. 바탕 화면의 빈 공간에서 마우스 오른쪽 버튼을 클릭합니다. 바로 가기 메뉴가 나타나면 [보기]-[바탕 화면 아이콘 표시]를 선택하여 체크를 해제합니다.

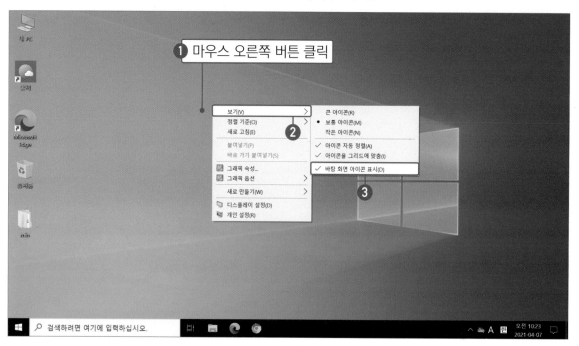

**02** 바탕 화면에서 아이콘이 사라져 깔끔해진 것을 확인할 수 있습니다.

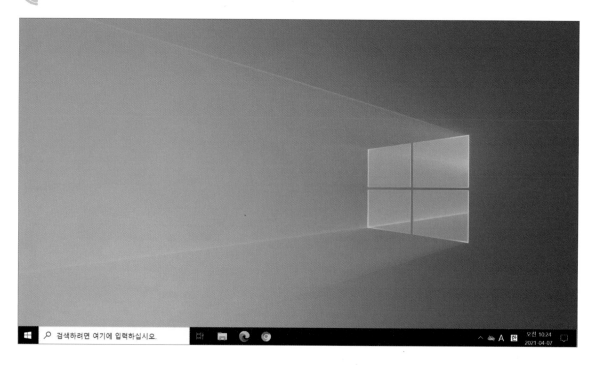

**03** 다시 바탕 화면에 아이콘을 표시해 보도록 하겠습니다. 바탕 화면의 빈 공간에서 마우스 오른쪽 버튼을 클릭한 후 바로 가기 메뉴에서 [보기]-[바탕 화면 아이콘 표시]를 다시 선택하여 체크합니다.

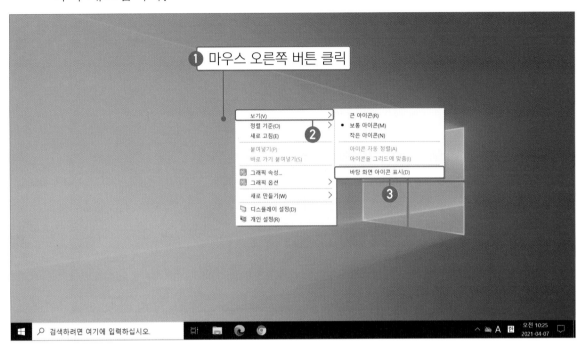

## Step 03 바탕 화면의 아이콘 정렬하기

**01** 바탕 화면의 빈 공간에서 마우스 오른쪽 버튼을 클릭한 후 바로 가기 메뉴에서 [보기]-[아이콘 자동 정렬]을 선택하여 체크를 해제합니다.

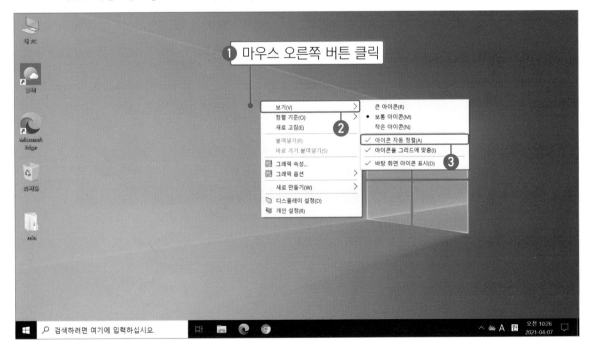

**02** '아이콘 자동 정렬'의 체크를 해제하였기 때문에 바탕 화면의 아이콘을 원하는 곳으로 드래그할 수 있습니다. 이동하고 싶은 아이콘을 원하는 위치로 드래그합니다.

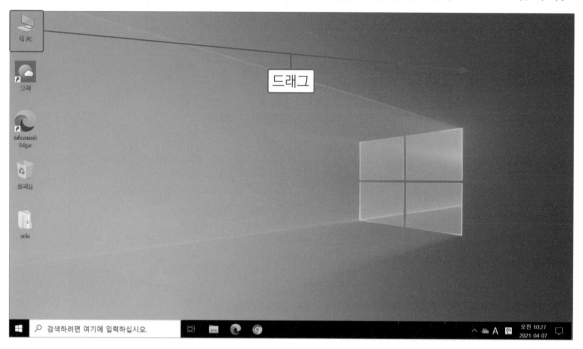

**03** 다른 아이콘들도 드래그하여 자유롭게 배치합니다.

**04** 자유롭게 배치된 아이콘들을 다시 한쪽으로 정렬해 보도록 하겠습니다. 바탕 화면의 빈 공간에서 마우스 오른쪽 버튼을 클릭한 후 바로 가기 메뉴에서 [정렬 기준]-[수정한 날짜]를 선택합니다.

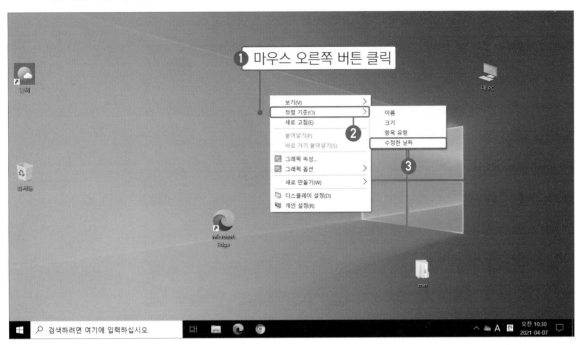

**05** 수정한 날짜를 기준으로 아이콘이 정렬됩니다.

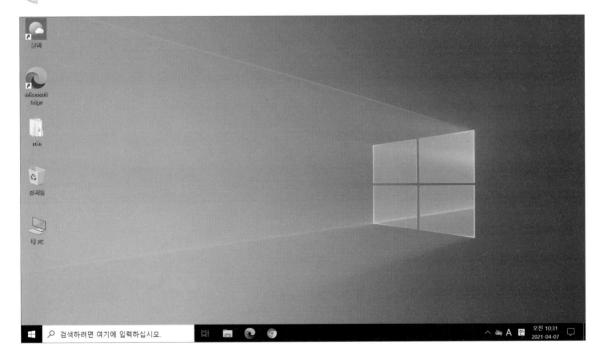

**아이콘 크기 조정하기**

바탕 화면의 빈 공간 위에서 마우스 오른쪽 버튼을 클릭합니다. 바로 가기 메뉴가 나타나면 [보기]의 [큰 아이콘], [보통 아이콘], [작은 아이콘] 중에서 선택하여 아이콘의 크기를 조정할 수 있습니다.

## Step 04 　바탕 화면 아이콘 설정하기

'내 PC', '휴지통', '문서', '제어판', '네트워크' 같은 기본 제공되는 아이콘을 숨기거나 표시하는 방법에 대해 살펴보도록 하겠습니다.

**01** 바탕 화면의 빈 공간에서 마우스 오른쪽 버튼을 클릭한 후 바로 가기 메뉴에서 [개인 설정]을 선택합니다.

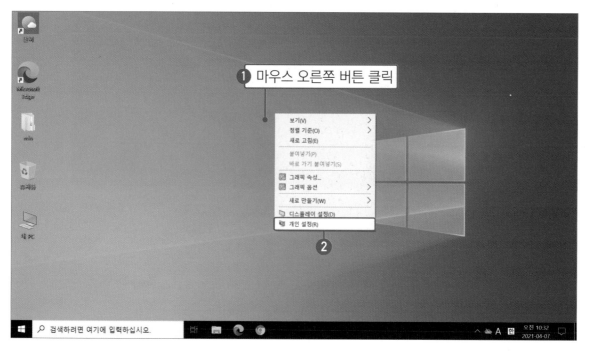

**02** [설정] 창이 나타나면 [테마]를 선택합니다. 오른쪽 화면이 변경되면 [관련 설정]에서 [바탕 화면 아이콘 설정]을 클릭합니다.

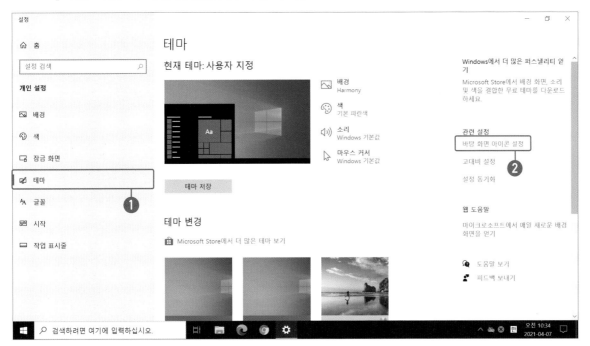

**03** [바탕 화면 아이콘 설정] 대화상자가 나타나면 [바탕 화면 아이콘] 탭의 [바탕 화면 아이콘]에서 보이고 싶은 아이콘은 체크하고, 숨기고 싶은 아이콘은 체크 해제한 후 [확인] 버튼을 클릭합니다. 여기서는 '휴지통'만 체크했습니다.

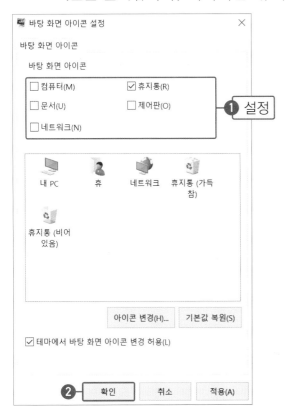

**04** [설정] 창의 ☒(닫기) 버튼을 클릭합니다.

**05** 바탕 화면에 '내 PC' 아이콘이 보이지 않는 것을 확인할 수 있습니다.

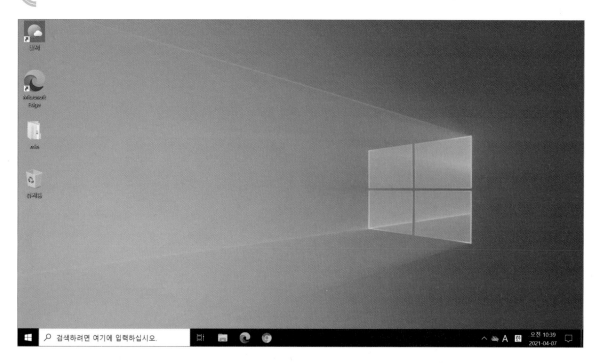

**Step 01**  작업 표시줄의 크기 조정하기

**01** 작업 표시줄의 빈 영역에서 마우스 오른쪽 버튼을 클릭합니다. 바로 가기 메뉴에서 [작업 표시줄 잠금]에 체크 표시가 되어 있으면 클릭하여 체크를 해제합니다.

① 마우스 오른쪽 버튼 클릭

**02** 작업 표시줄의 경계선에 마우스 포인터를 가져갑니다. 마우스 포인터의 모양이 ↕일 때 위로 드래그하여 크기를 조정합니다.

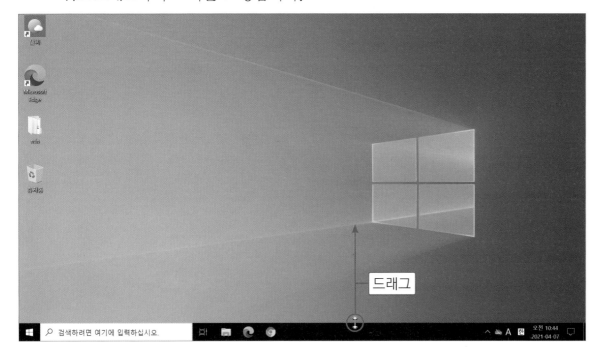

**03** 작업 표시줄의 경계선을 아래쪽으로 드래그하여 다시 작업 표시줄의 크기를 원래대로 변경합니다.

**01** 작업 표시줄을 화면 오른쪽으로 드래그합니다.

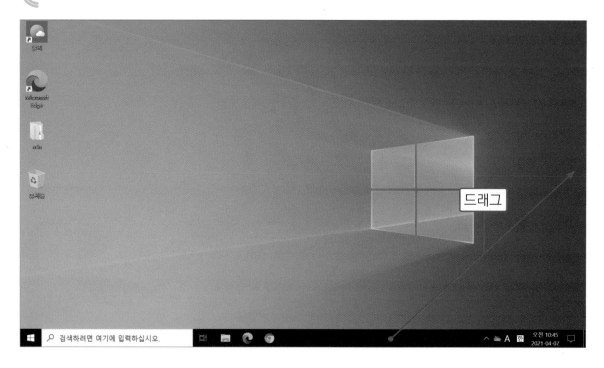

**02** 작업 표시줄의 위치가 이동된 것을 확인합니다. 작업 표시줄을 화면 아래쪽으로 드래그하여 원래 위치로 되돌립니다.

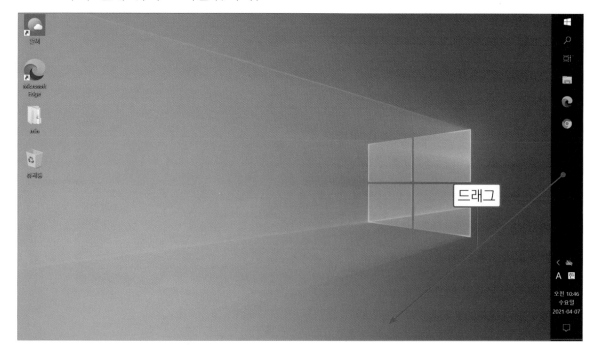

**01** 작업 표시줄의 빈 영역에서 마우스 오른쪽 버튼을 클릭한 후, 바로 가기 메뉴에서 [작업 표시줄 설정]을 선택합니다.

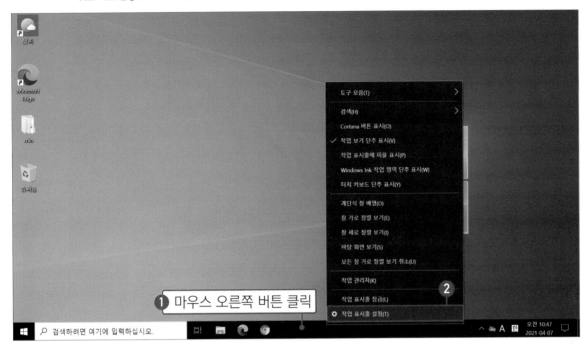

**02** [설정] 창의 [작업 표시줄] 화면이 나타납니다. [데스크톱 모드에서 작업 표시줄 자동 숨기기]의 ●━(끔)을 클릭하여 ━●(켬)으로 설정합니다. ⊠(닫기) 버튼을 클릭하여 창을 닫습니다.

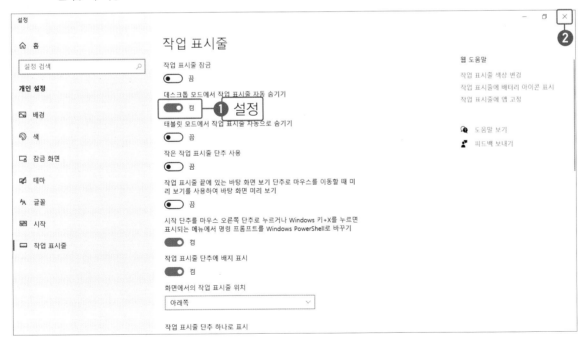

**03** 바탕 화면에서 작업 표시줄이 숨겨져서 넓게 사용할 수 있습니다.

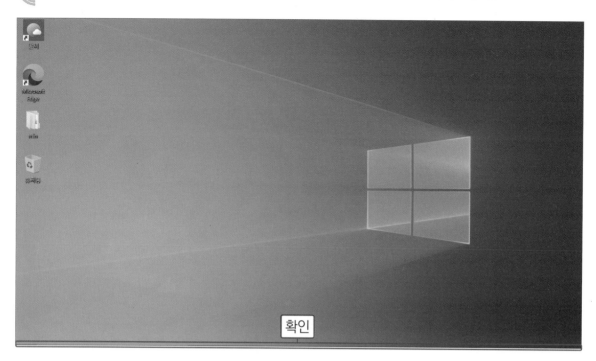

**04** 작업 표시줄이 있는 아래쪽으로 마우스 포인터를 이동하면 작업 표시줄이 표시됩니다.

## Step 04 ┃ 작업 표시줄에 앱 고정하기/제거하기

**01** 작업 표시줄의 고정된 앱에 새로운 앱을 추가해 보겠습니다. 바탕 화면의 ☁(날씨) 아이콘을 마우스 오른쪽 버튼으로 클릭한 후 바로 가기 메뉴에서 [작업 표시줄에 고정]을 선택합니다.

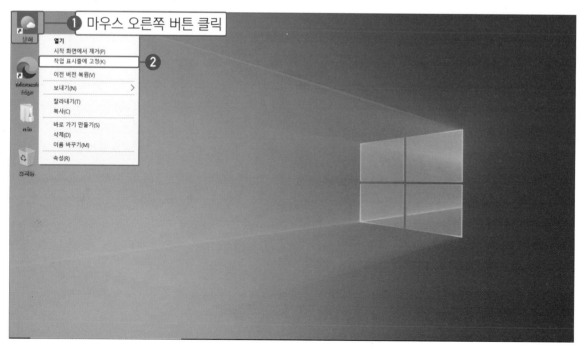

**02** 바탕 화면 아래쪽으로 마우스 포인터를 이동합니다. 작업 표시줄이 나타나면 '날씨' 앱이 추가된 것을 확인할 수 있습니다.

**03** 이번에는 작업 표시줄의 고정된 앱에 추가한 앱을 제거해 보겠습니다. 작업 표시줄의 (날씨) 아이콘을 마우스 오른쪽 버튼으로 클릭한 후 바로 가기 메뉴에서 [작업 표시줄에서 제거]를 선택합니다.

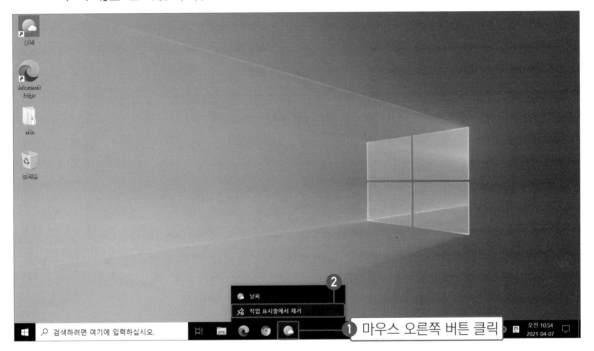

**04** 작업 표시줄의 고정된 앱에서 '날씨' 앱이 제거된 것을 확인할 수 있습니다.

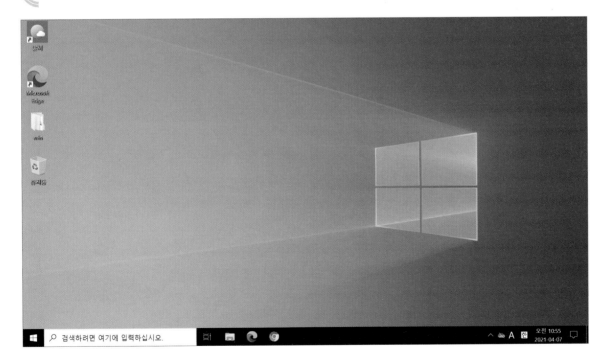

**1** 바탕 화면에 '그림판' 앱의 바로 가기를 추가해 봅니다.

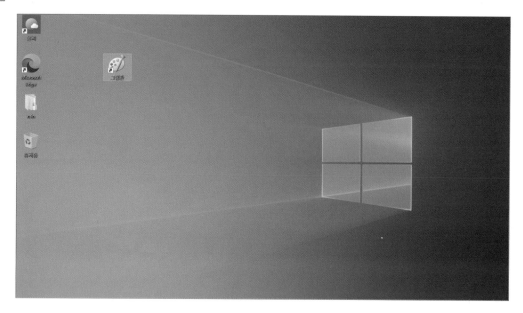

> 힌트 '그림판'은 모든 앱에서 [W]의 [Windows 보조프로그램]에서 찾을 수 있습니다.

**2** 바탕 화면에 '내 PC' 아이콘을 표시한 후 항목 유형 기준으로 정렬해 봅니다.

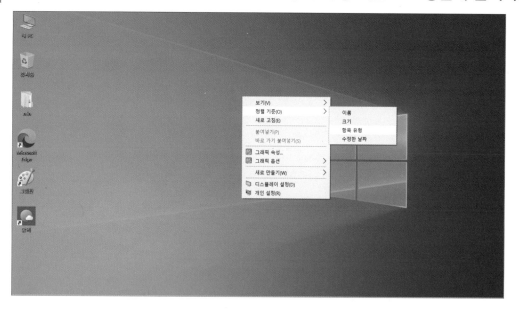

> 힌트 '내 PC' 아이콘은 작업 표시줄의 바로 가기 메뉴에서 [작업 표시줄 설정]을 선택한 후 [테마]의
> [바탕 화면 아이콘 설정]을 클릭하여 '컴퓨터'를 체크하면 표시할 수 있습니다.

**3** 작업 표시줄에 'Microsoft Store' 앱을 고정시킨 후 바탕 화면의 작업 표시줄의 자동 숨기기 기능을 끄고, 위치를 화면 위쪽으로 설정해 봅니다.

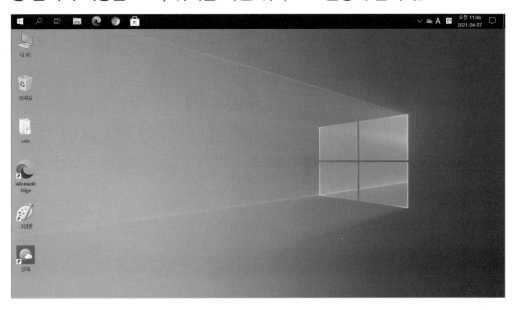

모든 앱에서 바로 작업 표시줄에 고정시킬 수 있습니다.

**4** 작업 표시줄을 다시 바탕 화면 아래쪽으로 이동하고, 고정된 앱에서 'Microsoft Store' 앱을 삭제해 봅니다.

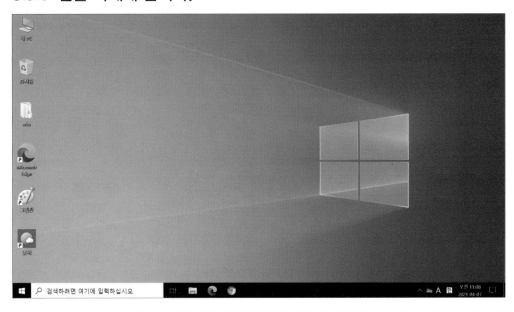

# 05 보조프로그램 활용하기

학습 포인트

- 파일과 폴더
- 메모장의 화면 구성
- 텍스트 작성
- 문서 파일 저장
- 그림판의 화면 구성
- 그림 작성
- 이미지 파일 저장

메모장과 그림판은 윈도우에서 기본으로 제공되는 앱(프로그램)으로, 별도로 설치할 필요가 없습니다. 메모장은 문서를 작성할 수 있고, 그림판은 도형이나 브러시를 사용하여 간단한 그림을 그릴 수 있습니다. 메모장과 그림판을 이용하여 파일을 만드는 방법에 대해 알아보겠습니다.

## Step 01　파일

파일은 데이터의 집합으로서 보조 기억 장치에 저장됩니다. 파일은 문서, 음악, 사진, 동영상 등 종류도 다양하며, 연결 앱(프로그램)에 따라 다른 아이콘으로 표현됩니다.

**예**

▲ 문서 : .hwp

▲ 문서 : .xlsx

▲ 문서 : .txt

▲ 문서 : .pptx

▲ 문서 : .pdf

▲ 압축 : .zip

▲ 압축 : .iso

▲ 음악 : .mp3

▲ 이미지 : .jpg

▲ 동영상 : .mp4

## Step 02　폴더

폴더는 파일이나 다른 폴더를 저장하기 위한 공간으로, 보통 같은 종류의 파일을 찾기 쉽게 정리할 때 사용합니다. 폴더의 아이콘은 노란색 서류철 모양을 하고 있습니다.

**예**

▲ 빈 폴더

▲ 폴더 안에 폴더

▲ 폴더 안에 문서

▲ 폴더 안에 음악

▲ 폴더 안에 동영상
　및 사진

메모장은 텍스트 파일을 보거나 편집할 때 가장 많이 사용되는 텍스트 편집 앱(프로그램)입니다. 아주 간단한 앱(프로그램)으로, 확장자는 '*.txt'입니다. 인터넷에서 정보 등을 찾아서 간단하게 메모해 둘 때 메모장을 활용하면 편리합니다.

- **방법-1** : [시작(⊞)]-[Windows 보조프로그램]에서 [메모장]을 선택하여 실행합니다.
- **방법-2** : 바로 가기 메뉴에서 [새로 만들기]-[텍스트 문서]를 선택하여 실행합니다.

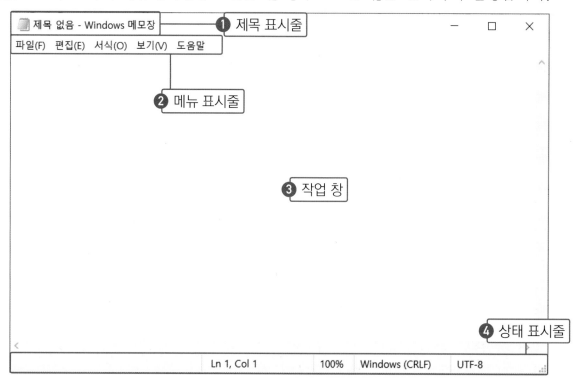

① **제목 표시줄** : 문서(파일) 및 앱(프로그램)의 이름 등을 보여주는 곳입니다.

② **메뉴 표시줄** : 앱(프로그램)의 메뉴를 표시하는 곳입니다.

③ **작업 창** : 문서 작업을 직접 수행하는 곳입니다.

④ **상태 표시줄** : 현재의 작업 상태를 보여주는 곳입니다.

그림판은 단순한 기능의 컴퓨터 그래픽 앱(프로그램)입니다. 다른 컴퓨터 그래픽 앱(프로그램)처럼 기능이 많지는 않지만 간단한 그림을 그리거나 편집할 때 사용합니다.

그림판은 [시작(⊞)]−[Windows 보조프로그램]−[그림판]을 선택하여 실행합니다.

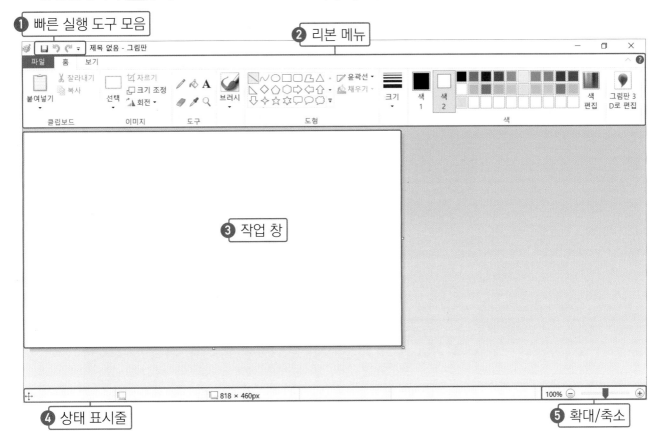

① 빠른 실행 도구 모음 : 자주 사용하는 도구를 모아 둔 곳입니다.

② 리본 메뉴 : 명령들을 탭으로 모아 구성함으로써 각각 연관된 명령을 묶어 둔 곳입니다.

③ 작업 창 : 그림을 그리고 편집하는 영역입니다.

④ 상태 표시줄 : 현재 작업 상태, 정보를 보여 주는 곳입니다.

⑤ 확대/축소 : 화면의 보기 배율을 설정하는 곳입니다.

## Step 01 텍스트 문서 만들기

**01** 바탕 화면의 빈 공간에서 마우스 오른쪽 버튼을 클릭한 후 [새로 만들기]–[텍스트 문서]를 선택합니다.

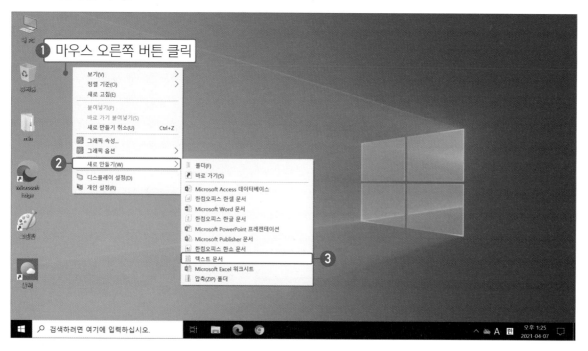

**02** 바탕 화면에 새 텍스트 문서가 만들어지고, 새 텍스트 문서의 이름 부분이 블록으로 지정되어 있습니다. 만들 문서 이름을 '할일'로 입력한 후 Enter 키를 누릅니다. 이름이 변경되면 새로 만들어진 텍스트 문서를 더블 클릭합니다.

사용자의 컴퓨터 환경에 따라 어떤 파일인지 알려주는 확장자가 숨겨져 있거나 표시되어 있습니다. 확장자의 표시 방법은 p.107에서 확인할 수 있습니다.

**03** '메모장' 앱이 실행되어 '할
일.txt' 파일이 열립니다.

**04** 작업 창에 다음처럼 글을
입력합니다.

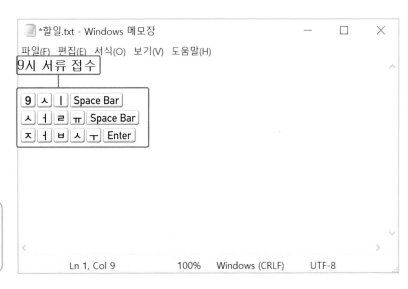

한글이 입력되지 않고 영문이 입
력되면 한/영 키를 누릅니다.

**05** 같은 방법으로 나머지 글도
입력합니다.

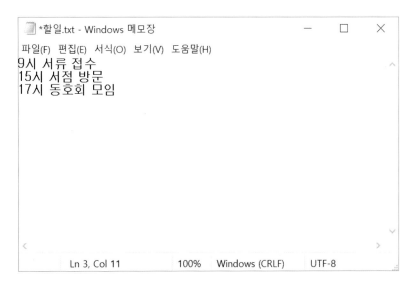

**06** 작성한 문서를 저장하기 위해 [파일]-[저장]을 선택합니다.

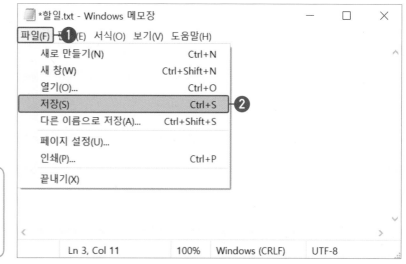

## Step 02 새 메모장에서 문서 작성하기

**01** '메모장' 앱이 실행되어 있는 상태에서 새 메모를 작성하기 위해서는 [메모장] 창에서 [파일]-[새로 만들기]를 선택합니다.

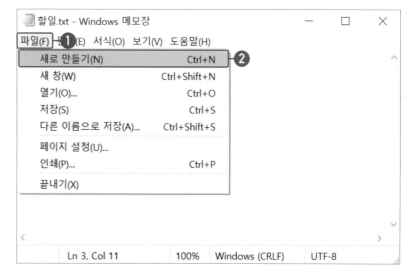

**02** 새로운 메모장이 열립니다.

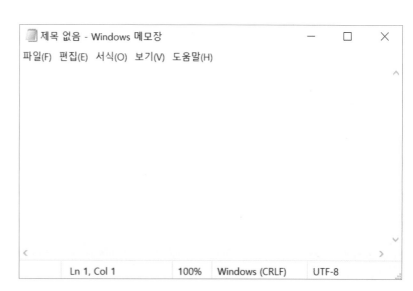

**03** 다음과 같은 내용을 Enter 키를 사용하지 않고 **입력합니다.**

> 컴퓨터에 익숙하지 않은 초보자들이 알아야 할 가장 기본적인 내용을 중심으로 알기 쉽고 빠르게 익힐 수 있도록 구성한 정보화 교육 기초 입문서입니다.

**04** [메모장] 창을 살펴보면 Enter 키를 사용하여 강제로 줄 바꿈을 하지 않았기 때문에 한 줄로 입력되어 화면에 내용이 모두 표시되지 않는 것을 확인할 수 있습니다. [서식]–[자동 줄 바꿈]을 선택합니다.

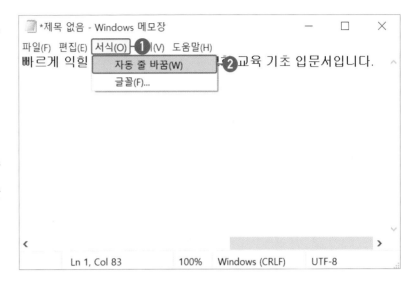

**05** 창의 너비에 맞춰 텍스트가 표시되는 것을 확인할 수 있습니다.

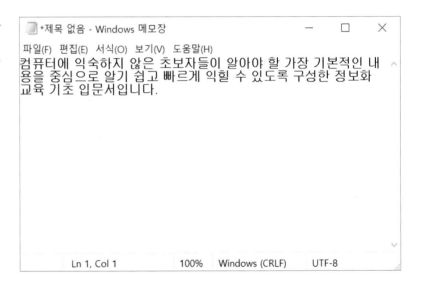

**06** [서식]–[글꼴]을 선택합니다.

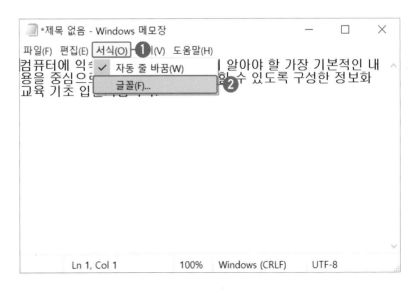

**07** [글꼴] 대화상자가 나타나면 [글꼴]은 '돋움', [크기]는 '16'으로 설정하고 [확인] 버튼을 클릭합니다.

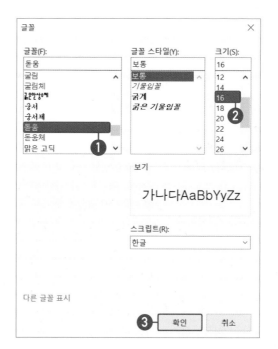

**08** 문서를 저장하기 위해 [파일]-[저장]을 선택합니다.

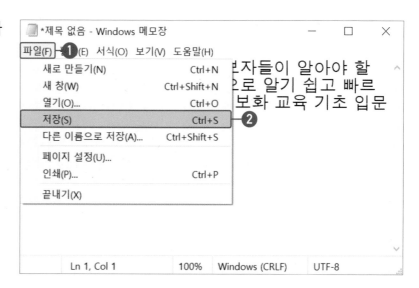

**09** [다른 이름으로 저장] 대화상자가 나타나면 왼쪽 탐색 창에서 저장 경로를 '바탕 화면'으로 지정하고, [파일 이름]을 '도서소개'로 입력한 후 [저장] 버튼을 클릭합니다.

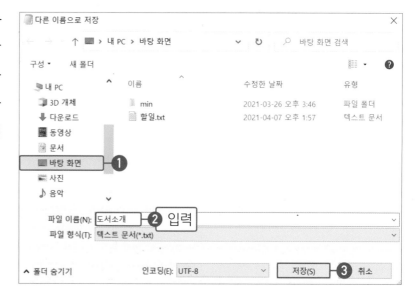

**10** 제목 표시줄에 '제목 없음'으로 표시된 텍스트가 '도서소개'로 변경된 것을 확인할 수 있습니다. [메모장] 창의 ☒(닫기) 버튼을 클릭하여 창을 닫습니다.

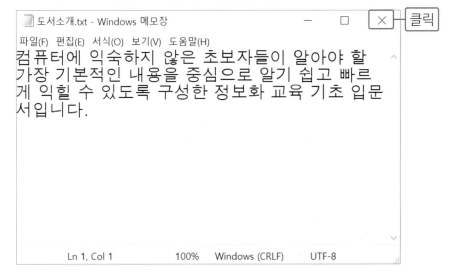

**11** 바탕 화면에 새로운 파일로 저장된 문서를 확인할 수 있습니다.

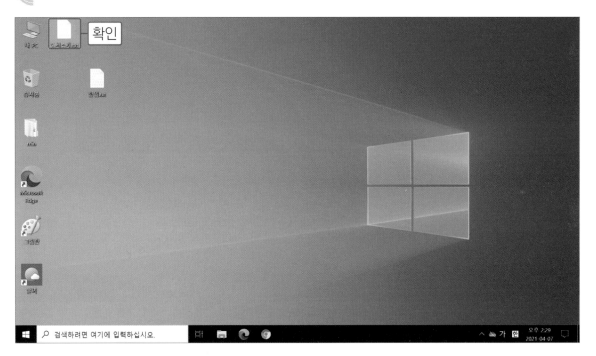

Step 01    도형으로 그림 그리기

**01** [시작(⊞)]–[Windows 보조프로그램]–[그림판]을 선택합니다.

**02** '그림판' 앱이 실행됩니다. [그림판] 창에 빈 작업 창이 열려 있습니다. 작업 창의 모서리를 드래그하여 '818×460px'로 설정합니다. [홈] 탭–[도구] 그룹–[색 채우기(🪣)]를 클릭한 후, [색] 그룹의 [색1]을 클릭합니다. 색상표에서 [노랑]을 선택한 후 작업 창을 클릭합니다.

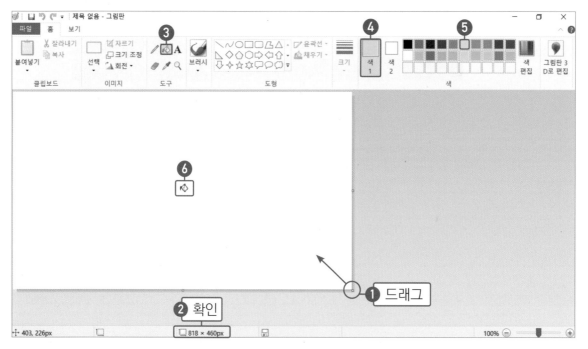

**03** 도형을 그리기 위해 먼저 [홈] 탭-[도형] 그룹에서 [타원(○)]을 클릭합니다. 선택한 도형의 서식을 꾸미기 위해 [도형] 그룹의 [윤곽선]을 클릭하여 [윤곽선 없음]을 선택합니다.

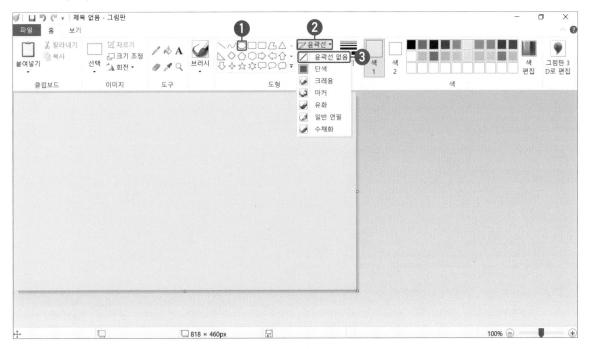

**04** [홈] 탭-[도형] 그룹-[채우기]를 클릭하여 [단색]을 선택한 후, [색] 그룹의 [색2]를 클릭하고 색상표에서 [흰색]을 선택합니다.

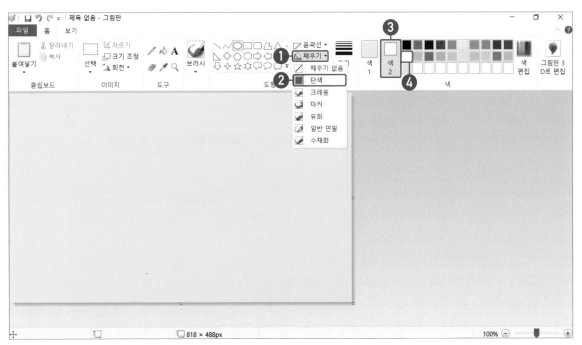

[색1]은 연필, 브러시, 도형 윤곽선에 사용되고, [색2]는 지우개, 도형 채우기에 사용됩니다.

**05** 작업 창에서 다음처럼 드래그하여 흰색 타원을 그린 후, 작업 창의 빈 공간을 클릭하여 선택을 해제합니다. 윤곽선이 없는 흰색의 타원이 그려졌습니다.

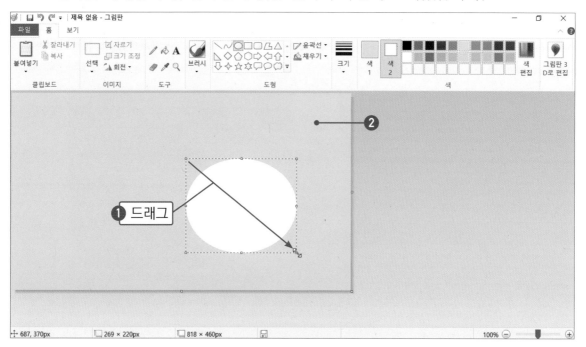

**06** 계속해서 **드래그**하여 다음처럼 타원 모양의 토끼의 귀를 그립니다.

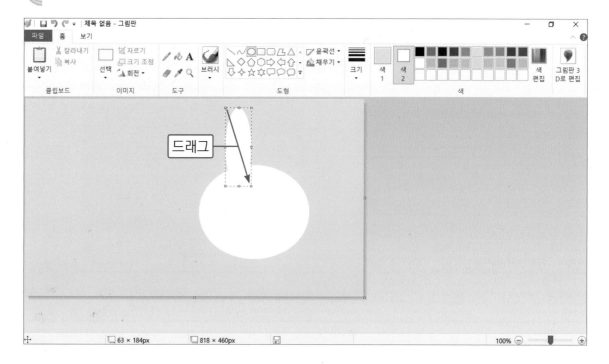

**07** 드래그하여 나머지 귀도 그립니다. 먼저 그린 귀와 크기를 비슷하게 하기 위해 **크기 조절점**을 드래그하여 조절합니다. 빈 공간을 클릭하여 선택을 해제합니다.

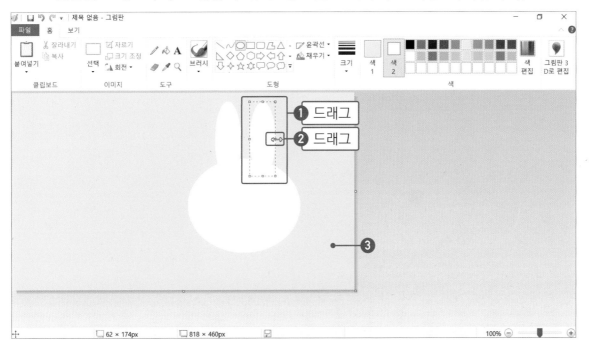

## Step 02 · 선택 영역 만들고 복사하기

**01** [색2]가 선택되어 있는 상태에서 색상표의 [다홍]을 선택한 후 각각의 귀 안쪽을 드래그하여 타원을 삽입합니다. 빈 공간을 클릭한 후, 색상표에서 [검정]을 선택하고 다음과 같은 위치에 Shift 키를 누른 채 드래그하여 정원을 그립니다.

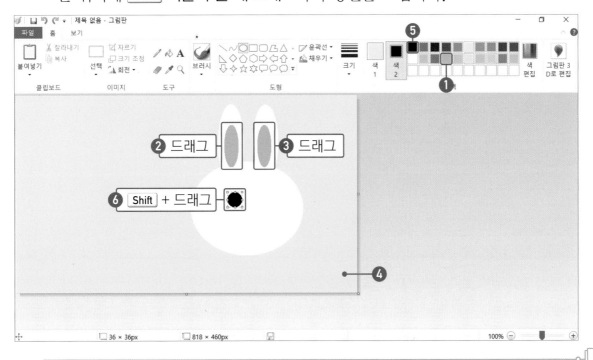

🔍 ◯(타원)을 선택한 후 Shift 키를 누른 채 드래그하여 그리면 정원이 그려집니다.

**02** 왼쪽 눈과 같은 똑같은 크기의 눈을 그리기 위해 왼쪽 눈을 복사해 보겠습니다. 먼저 [홈] 탭 – [이미지] 그룹–[선택(선택)]을 클릭한 후 [사각으로 선택]을 선택합니다.

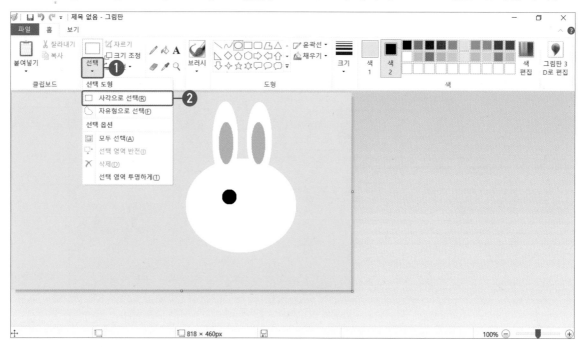

**03** 왼쪽 눈이 포함되도록 드래그하여 사각의 선택 영역을 만든 후, 선택 영역을 복사하기 위해 Ctrl + C 키를 누릅니다.

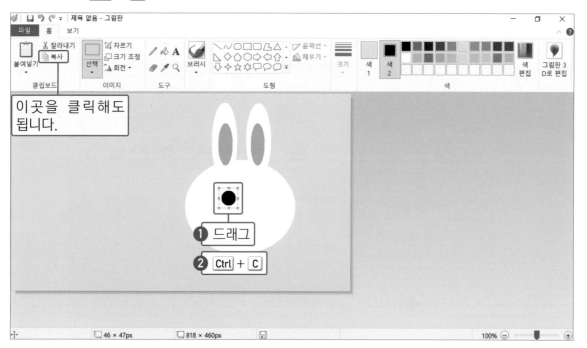

참깐! 도형을 그린 후의 선택 영역에서는 Ctrl + C 키를 눌러도 복사되지 않습니다. 반드시 [선택] 도구로 선택 영역을 만든 후 Ctrl + C 키를 눌러야 복사가 됩니다.

**04** `Ctrl` + `V` 키를 누르면 복사한 눈이 붙여넣기 됩니다. 붙여넣기한 눈의 선택 영역 안쪽에 마우스 포인터를 가져간 후 ✥ 모양일 때 드래그하여 오른쪽 눈 위치로 이동합니다.

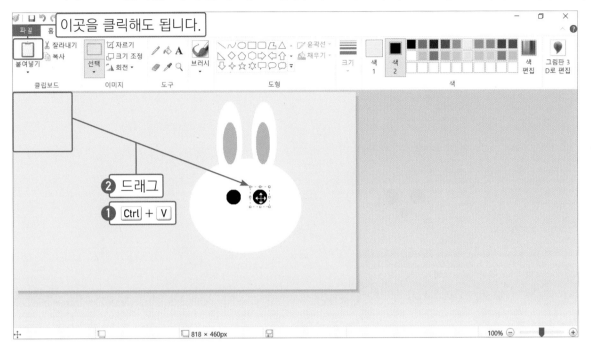

## Step 03 도형 회전하고 색 편집하기

**01** [홈] 탭-[도형] 그룹에서 [삼각형(△)]을 클릭한 후, 작업 창에서 드래그하여 토끼의 코 모양을 그립니다. [이미지] 그룹-[회전]을 클릭하여 [180° 회전]을 선택해 거꾸로 회전합니다.

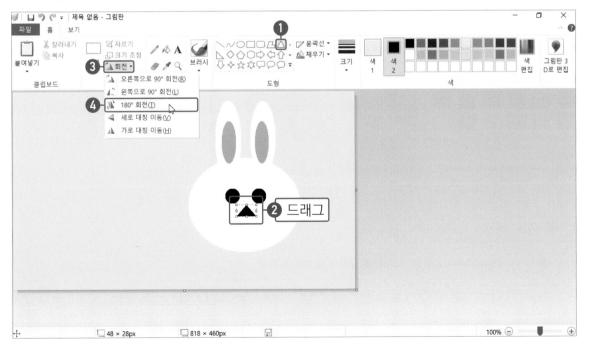

**02** [홈] 탭-[도형] 그룹에서 [타원(◯)]을 클릭합니다. [색] 그룹의 색상표에서 [다홍]을 선택하고, 색을 편집하기 위해 [색 편집]을 클릭합니다.

**03** [색 편집] 대화상자가 나타나면 오른쪽의 색 슬라이드에서 슬라이더를 위로 드래그해서 다홍색보다 더 옅게 설정(여기서는 빨강 '255', 녹색 '223', 파랑 '234')한 후 [확인] 버튼을 클릭합니다.

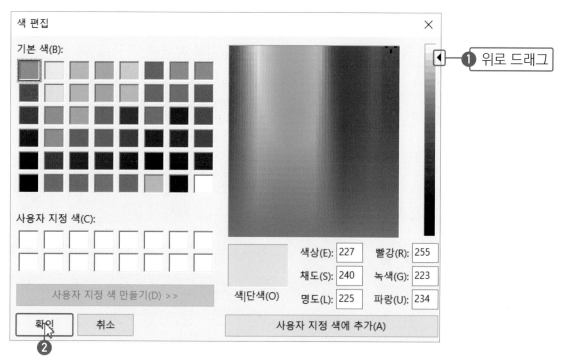

**04** 색상표에 새로운 [다홍]이 추가되었습니다. 토끼의 양쪽 볼 위에 다음처럼 드래그합니다.

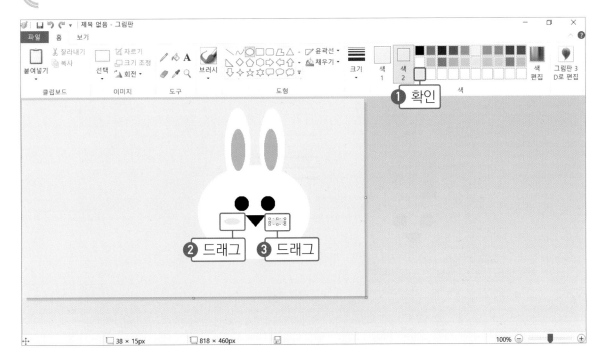

곡선 그리기

**01** 토끼의 입 부분은 곡선으로 그리기 위해 [홈] 탭–[도형] 그룹에서 [곡선(〰)]을 클릭합니다. [윤곽선]을 클릭한 후 [단색]을 선택합니다.

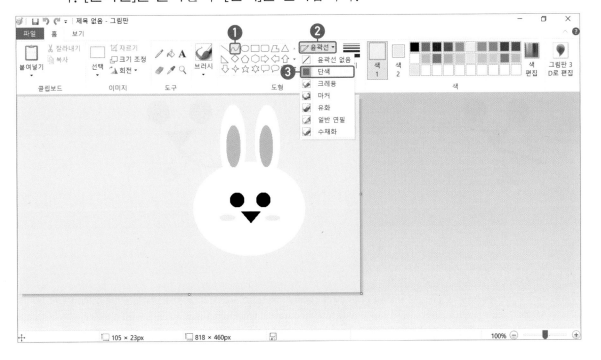

**02** [색] 그룹에서 [색1]을 클릭한 후, 색상표에서 [검정]을 선택합니다. 선 굵기를 조정하기 위해 [크기]를 클릭한 후 [5px]을 선택합니다.

**03** 코끝에서 사선 아래로 드래그하여 직선을 그린 후, 삽입된 직선의 가운데 부분을 아래로 드래그합니다. 원하는 곡선이 되면 클릭합니다.

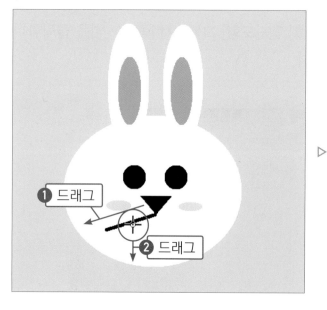

**04** 같은 방법으로 오른쪽과 아래쪽에도 곡선을 그립니다.

**05** [홈] 탭-[도형] 그룹에서 [타원(◯)]을 클릭한 후 [윤곽선]은 [윤곽선 없음]으로 설정합니다.
[색] 그룹에서 [색2]를 클릭하고 색상표에서 [흰색]을 선택합니다. 토끼 얼굴 아래에서
작업 창 바깥까지 드래그하여 작업 창에는 반원 정도만 보이게 몸통을 그린 후, 빈 공간
을 클릭합니다.

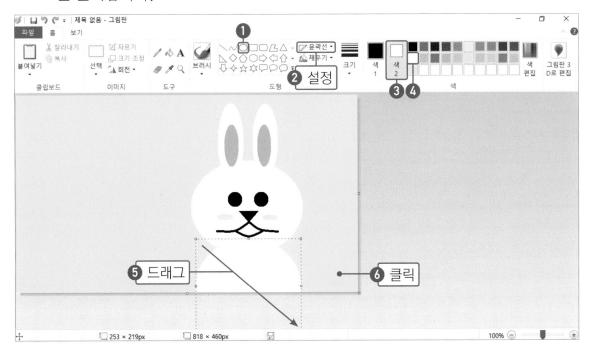

**01** 글자를 입력하기 위해 [홈] 탭–[도구] 그룹에서 [텍스트(**A**)]를 클릭합니다.

**02** 작업 창에 드래그하여 텍스트 입력 상자를 크게 삽입한 후, [텍스트 도구]–[텍스트] 탭–
[글꼴] 그룹에서 [글꼴 패밀리]는 '휴먼매직체', [글꼴 크기]는 '46'을 설정하고, [배경] 그룹에
서 [투명]을 클릭합니다. '생일'이라고 입력한 후 Enter 키를 누르고 '축하합니다'를 입력합
니다.

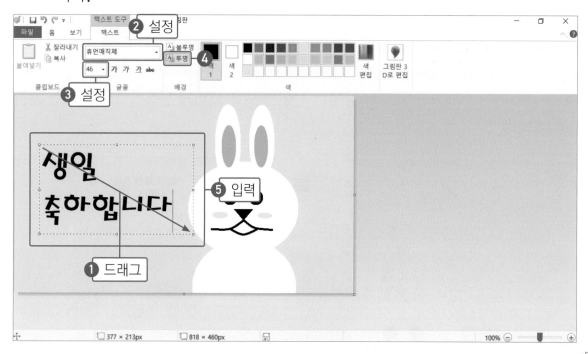

### 배경이 불투명한 글자 입력하기

[배경] 그룹에서 [불투명]을 클릭한 후 입력하
면 [색2]에 설정한 색이 글자 배경으로 나타납
니다. 글자의 배경색이 필요할 때 설정하여 입
력합니다.

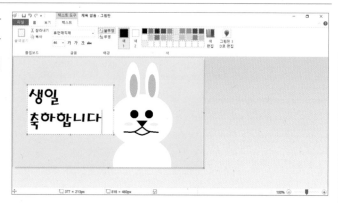

**01** [홈] 탭-[도형] 그룹에서 [4각별(✧)]을 클릭합니다. [색2]의 색이 '흰색'인 상태에서 드래 그합니다.

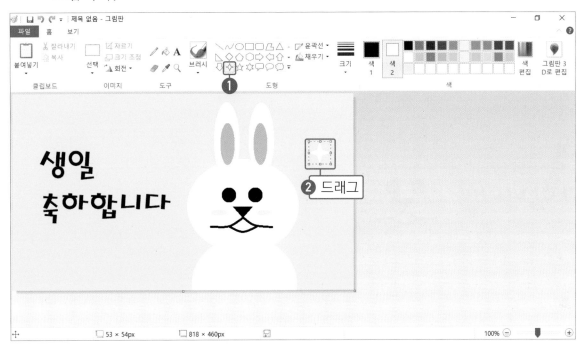

**02** 다시 드래그하여 작업 창에 크고 작은 4각별을 여러 개 그립니다.

**03** [홈] 탭-[도형] 그룹에서 [5각별(☆)]을 클릭합니다. [색] 그룹의 [색2]를 클릭한 후, 색상 표에서 [라임]을 선택하고 드래그합니다.

**04** 다시 드래그하여 작업 창에서 크고 작은 5각별을 그립니다.

**05** [홈] 탭-[도형] 그룹에서 ▼(자세히)를 클릭한 후, [하트(♡)]를 선택합니다. [색] 그룹의 색상표에서 [주황]을 선택한 후, 드래그합니다. 다시 드래그하여 작업 창에 작은 하트를 그립니다.

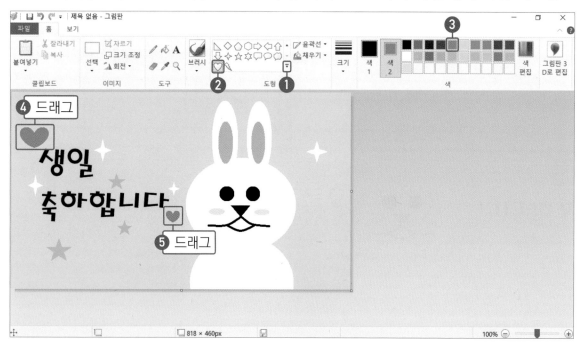

**06** 작품을 완성하였으면 [파일]-[저장]을 선택합니다.

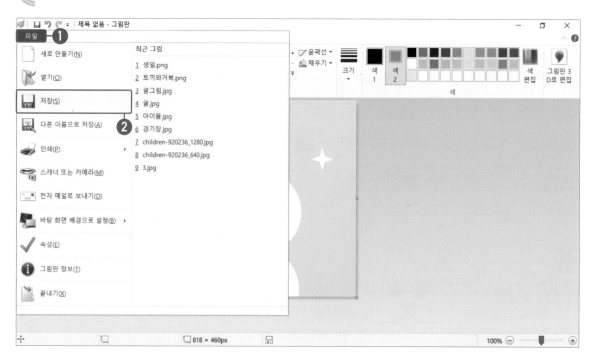

**07** [다른 이름으로 저장] 대화 상자가 나타나면 왼쪽 탐색 창에서 저장 경로를 '문서'로 지정한 후, [새 폴더]를 클릭합니다.

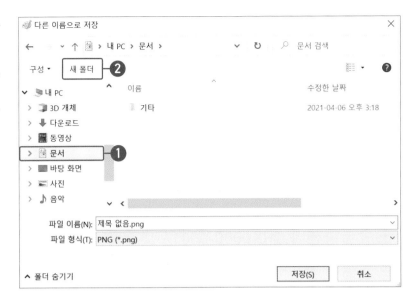

**08** 새 폴더의 이름을 사용자 이름(여기서는 '홍길동')으로 입력하고 Enter 키를 누릅니다. Enter 키를 한 번 더 누르거나 [열기] 버튼을 클릭합니다.

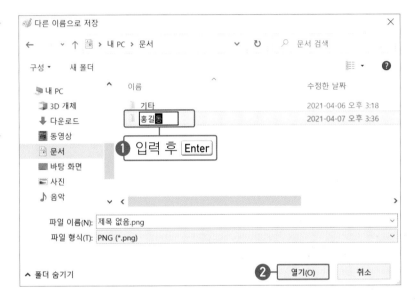

**09** [파일 이름]은 '생일'로 입력합니다. [파일 형식]은 ⌄를 클릭하여 'PNG(*.png)'로 선택한 후 [저장] 버튼을 클릭합니다.

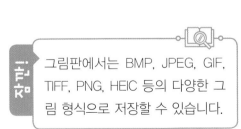

그림판에서는 BMP, JPEG, GIF, TIFF, PNG, HEIC 등의 다양한 그림 형식으로 저장할 수 있습니다.

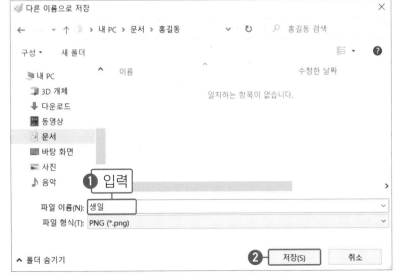

**10** [그림판] 창의 ☒(닫기) 버튼을 클릭하여 창을 닫습니다.

**1** 메모장에 다음처럼 입력한 후 '연락처.txt' 파일로 저장하고, 바탕 화면에 작게 배치해 봅니다.

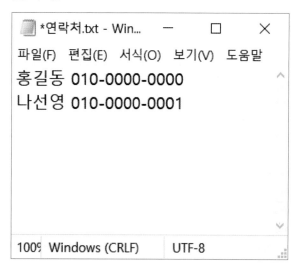

**2** 메모장을 새로 만든 후 다음처럼 입력하고 '서시.txt'라고 저장해 봅니다.

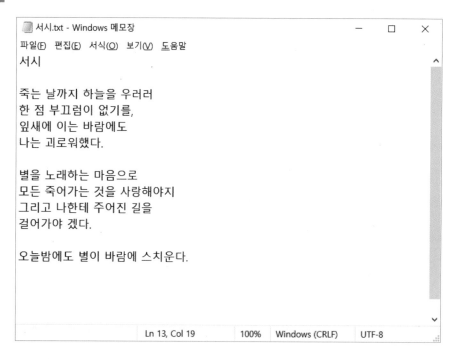

**3** 메모장을 새로 만들어 Enter 키를 누르지 않고 다음 문장을 이어서 입력한 후, '성공명언.txt'로 저장해 봅니다.

> 무엇을 시작하기 전에, 예측할 수 없는 어려움과 지연이 기다리고 있다는 점을 기억하라. 이를 분명히 볼 수 있다면, 당연히 이를 제거할 수 있겠지만, 그럴 수 없다. 당신은 단 한 가지만을 분명히 볼 수 있고, 그것은 당신의 목표다. 머릿속에 목표에 대한 비전을 구상하고 어떤 고난이 있어도 그것을 고수하라. 무엇을 하든 제대로 하라. 건성으로 말고 철저히 하라. 일의 근본을 살피라. 운은 계획에서 비롯된다.

**4** 그림판에서 다음과 같은 교통표지판을 만들어 '교통표지판.png'로 저장해 봅니다.

> • 창 크기 : 1000×500px
> • 화살표, 사각형 : 검정
> • 타원, 선 : 빨강
> • 글자 : HY견고딕, 28pt

# 06 파일 및 폴더 정리하기

**학습 포인트**

- 파일 탐색기
- 폴더 옵션 변경
- 파일이나 폴더 검색
- 파일이나 폴더 이동/복사
- 휴지통
- 파일이나 폴더 삭제/복원

이번 장에서는 폴더를 통해 파일을 잘 정리하는 방법과 파일 탐색기를 통해 파일을 탐색할 수 있는 방법에 대해 알아보도록 하겠습니다. 파일이나 폴더를 이동, 복사, 삭제하고 삭제한 파일이나 폴더를 복원하는 방법도 함께 알아보겠습니다.

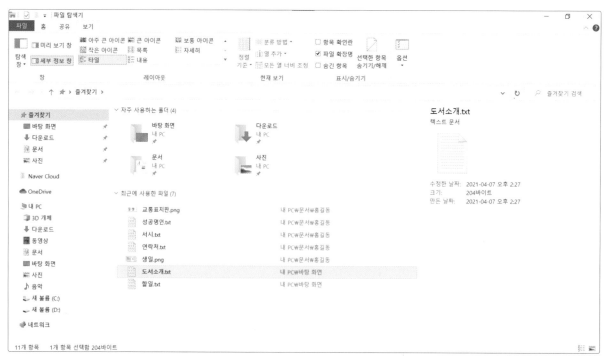

## Step 01  파일 탐색기

파일 탐색기는 파일과 폴더에 대한 많은 정보를 하나의 창에 표시하고 있어 파일을 사용하고 탐색하는 데 편리합니다.

작업 표시줄의 📁(파일 탐색기)를 클릭하거나 [시작(⊞)]−[Windows 시스템]−[파일 탐색기]를 선택하여 실행합니다.

## Step 02  파일 탐색기의 화면 구성 살펴보기

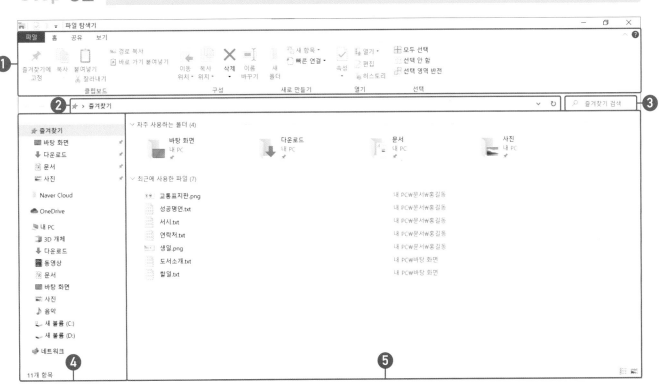

1️⃣ **리본 메뉴** : 명령들을 탭으로 모아 구성함으로써 각각 연관된 명령을 묶어 둔 곳입니다.

2️⃣ **주소 표시줄** : 현재 사용하거나 사용할 파일이 있는 위치입니다.

3️⃣ **검색** : 파일을 검색할 때 사용하는 곳입니다.

4️⃣ **탐색 창** : 내 컴퓨터에 있는 폴더들을 트리 구조로 보여 주는 곳입니다.

5️⃣ **파일 영역** : 탐색 창에서 선택한 폴더의 내용(하위 폴더, 파일)을 보여 주는 곳입니다.

[파일 탐색기] 창에서 [내 PC]를 클릭하면 연결된 장치 및 드라이브를 알 수 있습니다.

- **드라이브** : 컴퓨터의 보조 기억 장치인 하드디스크나 USB 등의 기록 매체를 작동시켜 주는 장치입니다. PC에서는 주로 디스크 드라이브를 통칭하는 말로, 디스크에 기록된 내용을 컴퓨터 내부로 읽어 들이는 역할을 합니다. 다음 그림의 경우, 하드디스크가 'C' 드라이브이고, 추가로 연결된 USB가 'D' 드라이브입니다. 다른 하드디스크나 USB를 컴퓨터에 더 추가하면 그 이후의 알파벳으로 장치에서 읽히게 됩니다.

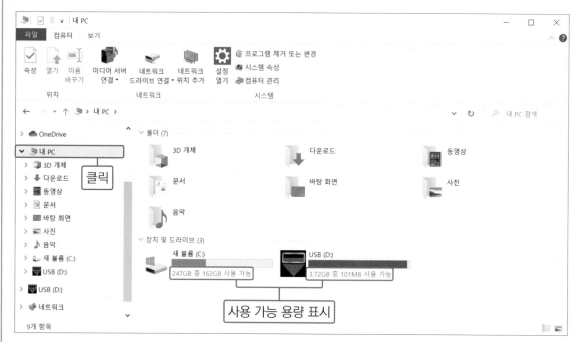

- **USB(Universal Serial Bus)** : 컴퓨터의 USB 단자에 연결만 하면 파일을 옮기거나 저장할 수 있는 장치입니다. USB는 배터리도 필요 없고 저장 용량에 따라 많은 양의 정보를 저장할 수 있고, 휴대도 간편하여 매우 편리합니다.

최대 저장 용량 표시

---

**Step 01**  파일 탐색기 설정하기 : 탐색 창 및 보기 레이아웃 설정

**01** 작업 표시줄의 📑(파일 탐색기) 아이콘을 클릭합니다.

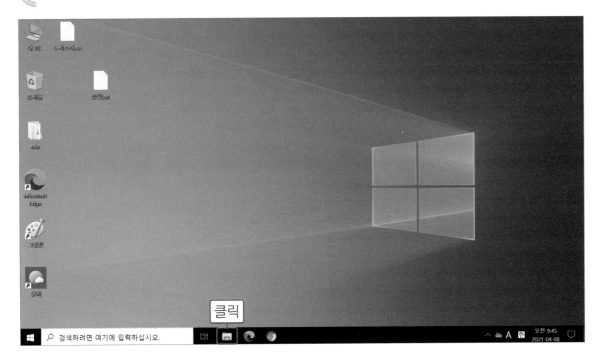

**02** [파일 탐색기] 창이 나타납니다.

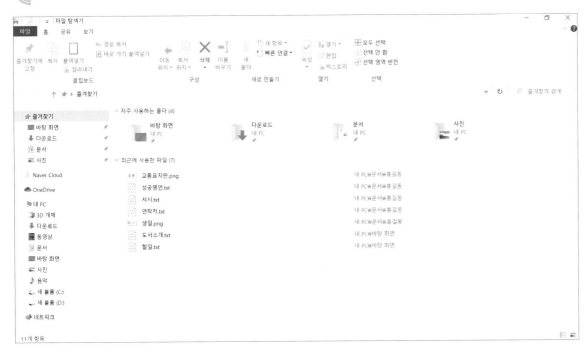

**03** [보기] 탭─[창] 그룹─[탐색 창]을 클릭한 후 [모든 폴더 표시]를 선택합니다.

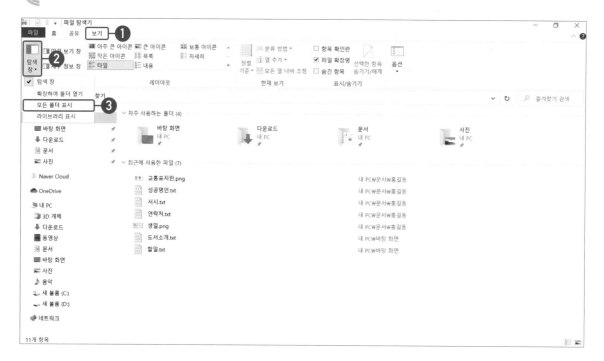

**04** 탐색 창에 모든 폴더가 표시됩니다.

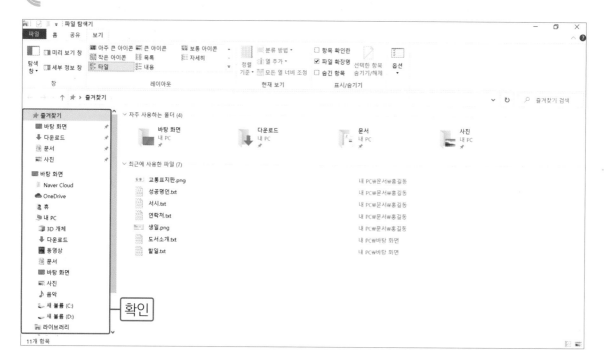

**05** 다시 [보기] 탭─[창] 그룹─[탐색 창]의 [모든 폴더 표시]를 선택합니다.

**06** [보기] 탭-[창] 그룹-[미리 보기 창]을 클릭한 후, 임의의 파일을 선택합니다. 파일을 열지 않고도 파일의 내용을 확인할 수 있습니다.

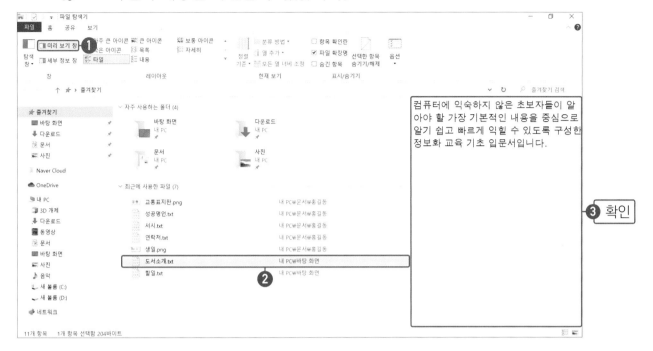

**07** 파일의 세부 정보를 보기 위해 [보기] 탭-[창] 그룹-[세부 정보 창]을 클릭합니다. 파일에 대한 세부 정보를 볼 수 있습니다.

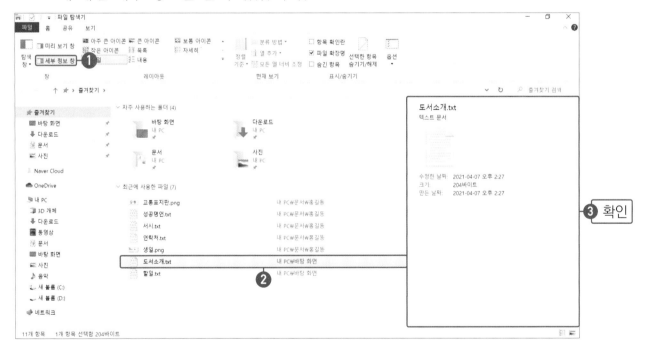

**08** 다시 [보기] 탭-[창] 그룹-[세부 정보 창]을 클릭합니다. 세부 정보가 보이지 않습니다.

**09** [보기] 탭–[레이아웃] 그룹을 살펴보면 [타일]로 설정되어 있습니다. [보기] 탭–[레이아웃] 그룹–[자세히]를 클릭합니다. 파일이나 폴더의 수정한 날짜, 유형, 크기까지 자세히 볼 수 있는 목록으로 바뀝니다. 레이아웃 그룹에서 다양한 보기 형태를 선택하여 설정할 수 있습니다.

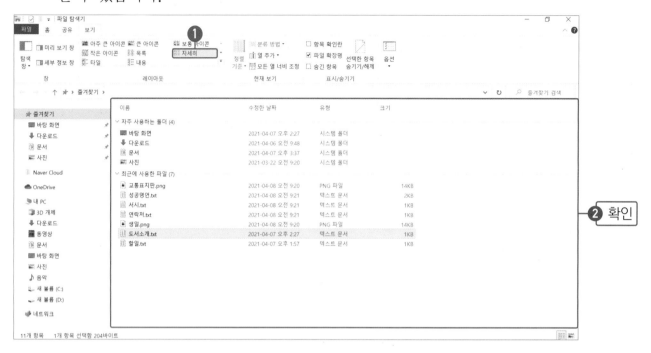

**10** [보기] 탭–[레이아웃] 그룹–[큰 아이콘]을 클릭합니다.

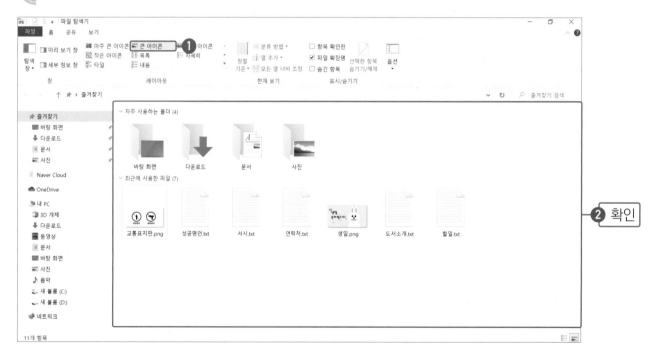

**11** 파일 탐색기에서 파일의 확장자를 보이게 하기 위해 [보기] 탭-[표시/숨기기] 그룹-[파일 확장명]을 클릭해서 체크를 해제합니다. 파일 영역에서 파일들의 확장자가 숨겨진 것을 확인할 수 있습니다.

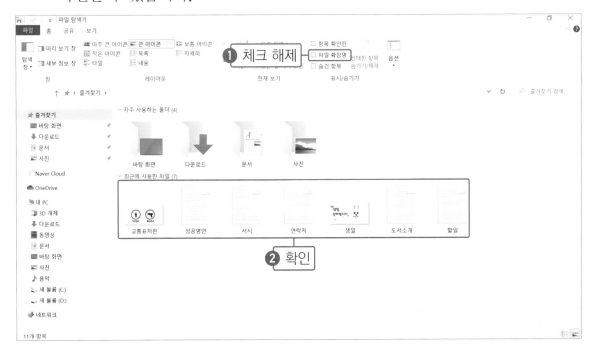

**12** 다시 [보기] 탭-[표시/숨기기] 그룹-[파일 확장명]을 클릭해서 체크합니다.

## Step 02　파일 탐색기 설정하기 : 폴더 옵션 변경

**01** 파일 탐색기를 실행하면 시작 위치가 '즐겨찾기'로 되어 있는데, '내 PC'로 시작하려면 폴더 옵션의 설정을 변경해야 합니다. [보기] 탭-[옵션]의 아이콘 부분(▭)을 클릭합니다.

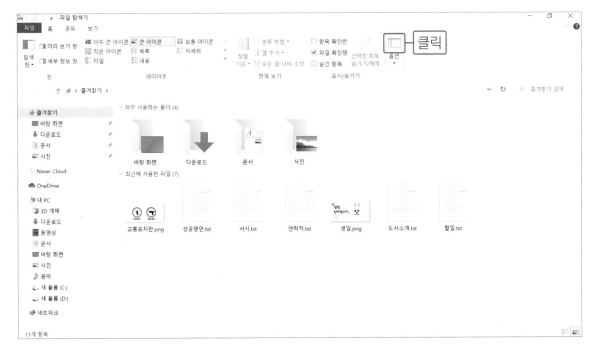

**02** [폴더 옵션] 대화상자가 나타납니다. [일반] 탭의 [파일 탐색기 열기]에 설정되어 있는
'즐겨찾기'를 클릭하여 '내 PC'로 설정을 변경한 후 [확인] 버튼을 클릭합니다.

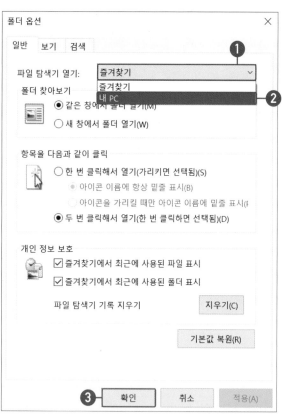

**03** [파일 탐색기] 창의 ☒(닫기) 버튼을 클릭하여 닫은 후, 다시 작업 표시줄의 📄(파일 탐
색기) 아이콘을 클릭하여 실행합니다.

**04** 시작 위치가 '내 PC'로 변경되어 있는 것을 확인할 수 있습니다. 사용자가 사용하기
편한 시작 위치를 설정하도록 합니다.

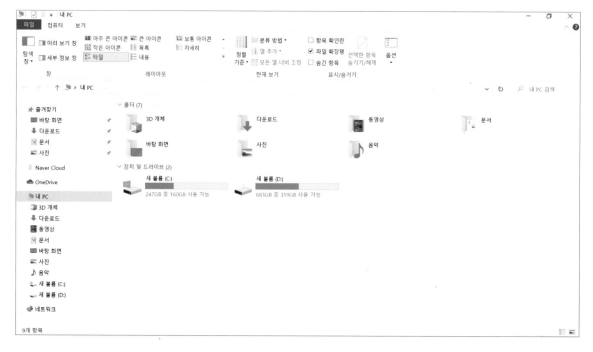

**01** [파일 탐색기] 창의 특정 위치를 지정하여 파일이나 폴더를 찾을 수 있습니다. 먼저 탐색 창에서 [문서]를 선택합니다. 검색 상자에서 검색어(여기서는 '생일')를 입력한 후 Enter 키를 누릅니다.

**02** 바로 검색이 시작되고, 검색이 끝나면 검색 결과를 보여 줍니다. 파일 위치로 이동하기 위해 검색 목록에서 파일을 선택한 후 [검색 도구]–[검색] 탭–[옵션] 그룹–[파일 위치 열기]를 클릭합니다.

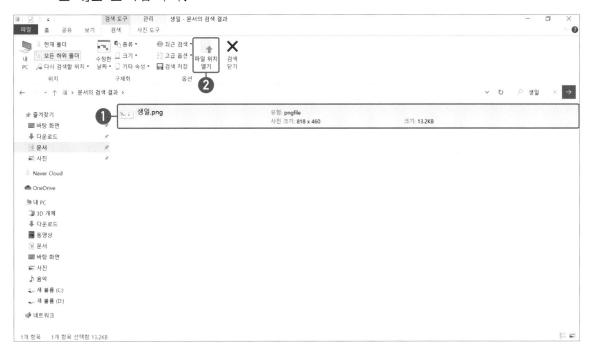

**03** 검색한 파일이 있는 위치로 이동합니다. 주소 표시줄에서 파일이 어디에 있는지 경로를 확인할 수 있습니다.

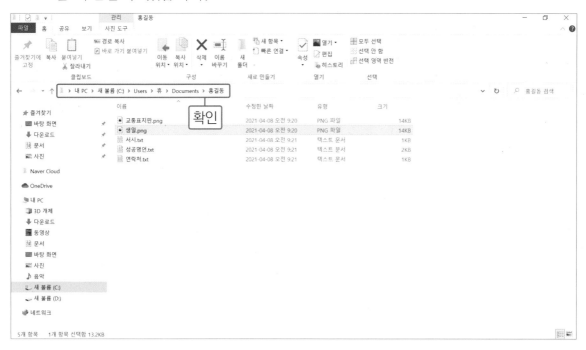

## Step 04  새 폴더 만들기

**01** [파일 탐색기] 창의 탐색 창에서 [문서]를 선택한 후 [홈] 탭–[새로 만들기] 그룹–[새 폴더]를 클릭합니다.

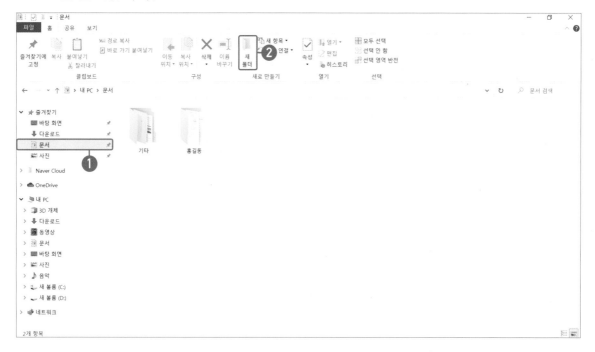

**02** 새 폴더가 만들어지면 폴더 이름을 '**중요문서**'라고 입력한 후 Enter 키를 누릅니다.

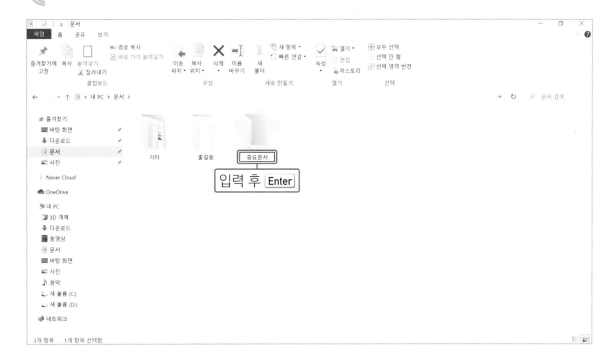

**03** 폴더 이름이 잘못되었다면 이름을 바꿀 폴더를 선택한 후 [홈] 탭-[구성] 그룹-[이름 바꾸기]를 클릭합니다.

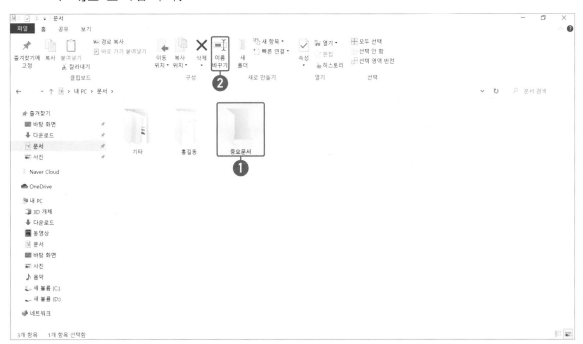

**04** 폴더 이름을 '내문서'라고 입력하고 Enter 키를 누릅니다.

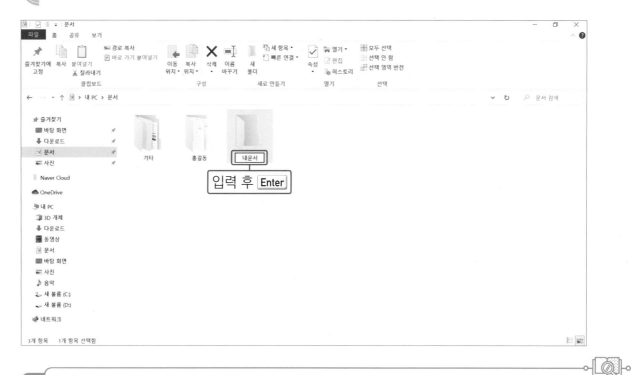

## 마우스 오른쪽 버튼을 클릭하여 새 폴더 만들고 이름 바꾸기

- **새 폴더를 만들기** : 파일 영역에서 마우스 오른쪽 버튼을 클릭한 후 [새로 만들기]-[폴더]를 선택합니다.

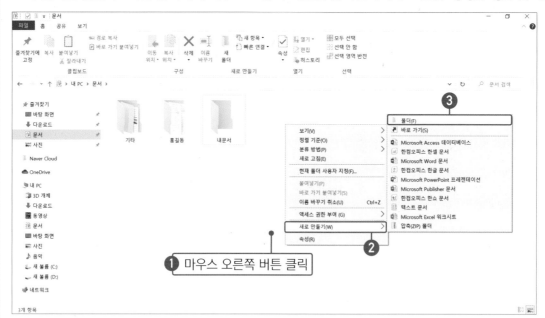

- **이름 바꾸기** : 파일이나 폴더를 선택한 후 마우스 오른쪽 버튼을 클릭하여 [이름 바꾸기]를 선택하면 이름을 바꿀 수 있습니다.

**01** [파일 탐색기] 창의 탐색 창에서 [바탕 화면]을 선택한 후 이동할 파일이나 폴더를 선택합니다. 여러 개를 선택하는 경우 Ctrl 키나 Shift 키를 누른 채 클릭하여 선택(여기서는 '도서소개.txt'와 '할일.txt' 파일)합니다. [홈] 탭–[구성] 그룹–[이동 위치]를 클릭한 후 [위치 선택]을 선택합니다.

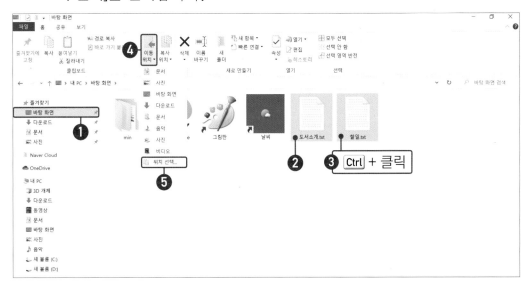

연속된 파일이나 폴더를 선택할 때는 시작 위치의 파일이나 폴더를 선택한 후 Shift 키를 누른 채 마지막 위치의 파일이나 폴더를 클릭합니다. 비연속적인 파일이나 폴더는 Ctrl 키를 누른 채 클릭하여 선택합니다.

**02** [항목 이동] 대화상자가 나타나면 이동할 위치(여기서는 [문서]–[내문서])를 선택하고 [이동] 버튼을 클릭합니다. 바탕 화면에서 이동시킨 파일이 사라졌습니다.

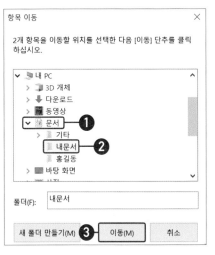 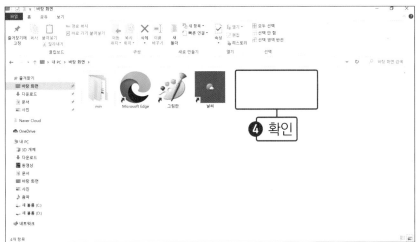

먼저 이동하려는 파일이나 폴더를 선택한 후 Ctrl + X 키를 눌러서 잘라내기하고, 계속해서 이동할 위치의 폴더를 더블 클릭하여 연 후 Ctrl + V 키를 눌러 붙여넣기 해도 됩니다.

**03** 탐색 창에서 [문서]를 클릭합니다. 파일 영역의 [내문서] 폴더의 모양이 문서가 들어 있
는 폴더 모양으로 바뀌었습니다. [내문서] 폴더를 더블 클릭하여 이동한 파일(여기서는
'도서소개.txt'와 '할일.txt' 파일)을 확인합니다.

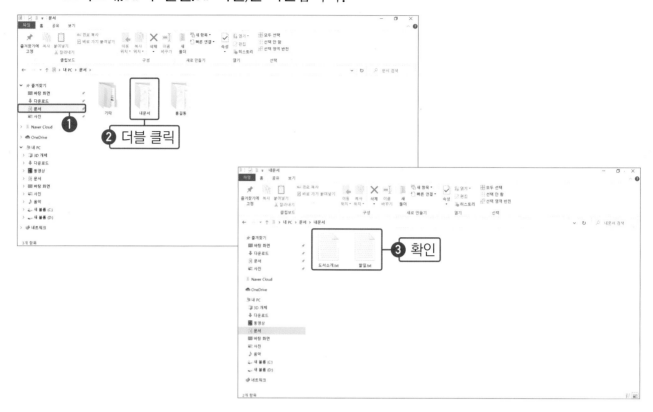

**04** 다시 탐색 창에서 [문서]를 클릭합니다. 복사할 파일이나 폴더를 선택(여기서는 [내문서]
폴더)한 후 [홈] 탭–[구성] 그룹–[복사 위치]를 클릭한 후, [바탕 화면]을 선택합니다.

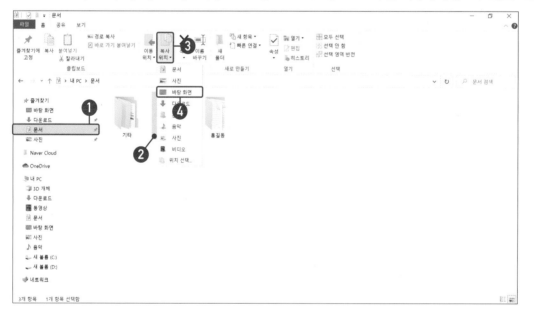

> 먼저 복사할 파일이나 폴더를 선택한 후 [Ctrl] + [C] 키를 눌러서 복사하고, 계속해서 복사할 위치의 폴더를
> 더블 클릭하여 연 후 [Ctrl] + [V] 키를 눌러 붙여넣기 해도 됩니다.

**05** 탐색 창에서 [바탕 화면]을 선택합니다. 바탕 화면에 복사된 폴더(여기서는 [내문서] 폴더)
를 확인할 수 있습니다.

## Step 06   파일이나 폴더 삭제하기

**01** 삭제할 파일이나 폴더를 선택합니다. [홈] 탭-[구성] 그룹-[삭제(<sup>삭제</sup>)]를 클릭한 후 [휴지통
으로 이동]을 선택합니다.

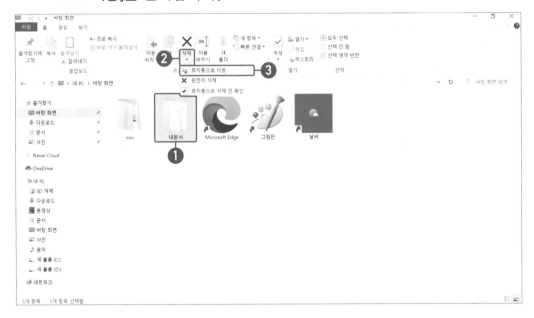

> **잠깐** [완전히 삭제]를 선택할 경우 휴지통에서도 다시 복원이 안 됩니다. 파일이나 폴더를 삭제할 때 신중해야
> 합니다. 파일이나 폴더를 선택한 후 **Delete** 키를 눌러도 삭제가 가능합니다.

**02** 폴더를 휴지통에 버리겠냐는 확인 메시지가 나타나면 [예] 버튼을 클릭합니다.

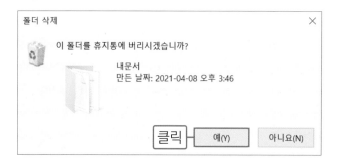

**03** 작업 표시줄의 ▌(바탕 화면 보기)를 클릭합니다.

**04** 바탕 화면으로 이동한 후 🗑(휴지통) 아이콘을 더블 클릭하여 실행합니다.

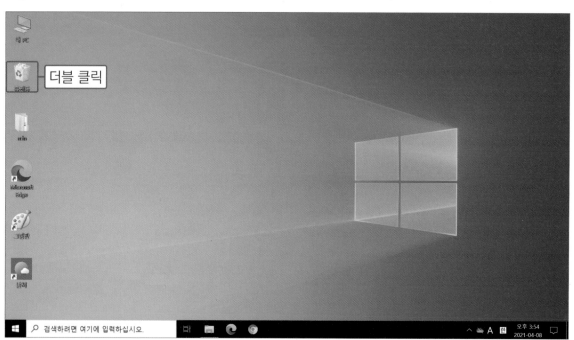

삭제된 파일이나 폴더가 휴지통에 보관되면 휴지통 아이콘의 모습이 바뀝니다.

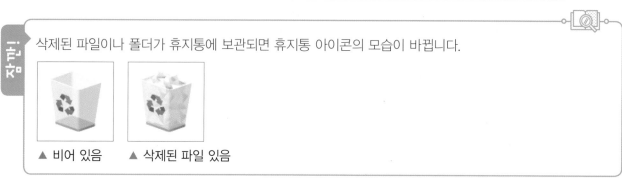

▲ 비어 있음　　　▲ 삭제된 파일 있음

**05** [휴지통] 창이 나타나면 복원할 파일이나 폴더를 선택(여기서는 [내문서] 폴더)한 후 [관리]-[휴지통 도구] 탭-[복원] 그룹-[선택한 항목 복원]을 클릭합니다.

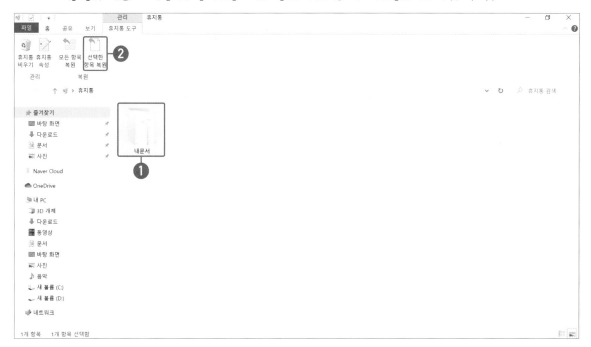

**06** 바탕 화면으로 이동하면 [내문서] 폴더가 복원된 것을 확인할 수 있습니다. 바탕 화면의 (내문서) 아이콘을 선택한 후, Delete 키를 눌러 다시 삭제합니다. 폴더를 휴지통에 버리겠냐는 확인 메시지가 나타나면 [예] 버튼을 클릭합니다. (휴지통) 아이콘을 더블 클릭하여 실행합니다.

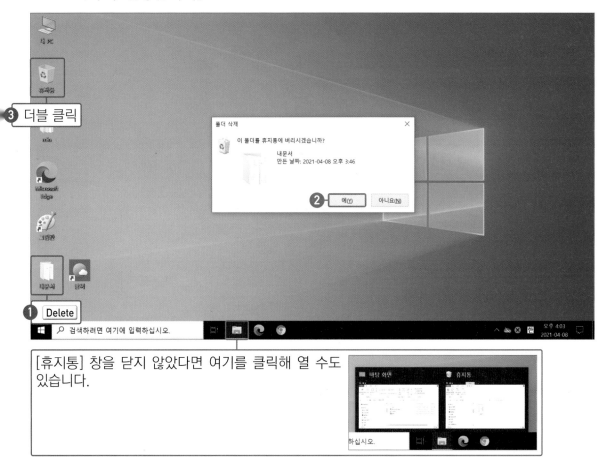

[휴지통] 창을 닫지 않았다면 여기를 클릭해 열 수도 있습니다.

**07** [휴지통] 창이 나타나면 [관리]–[휴지통 도구] 탭–[관리] 그룹–[휴지통 비우기]를 클릭합니다.

**08** 이 파일을 완전히 삭제하겠냐는 메시지가 나타나면 [예] 버튼을 클릭합니다. 이렇게 삭제된 파일이나 폴더는 복원되지 않으므로 신중하게 생각해서 삭제해야 합니다.

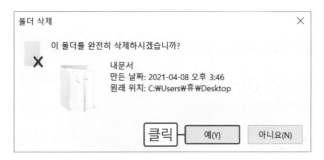

**휴지통 열어보지 않고 비우기**

바탕 화면의 (휴지통) 아이콘을 마우스 오른쪽 버튼으로 클릭한 후 [휴지통 비우기]를 선택하면 휴지통을 열어보지 않고 휴지통 안의 모든 파일을 완전히 삭제할 수 있습니다.

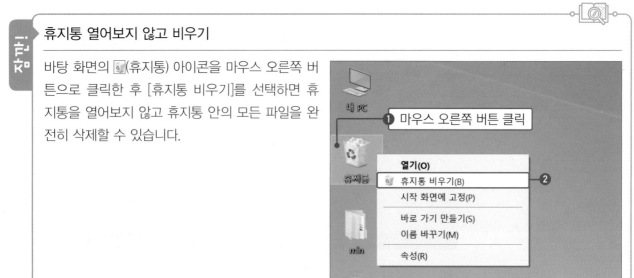

**1** 파일 탐색기의 '문서'에서 '교통'이라는 단어가 포함된 문서를 찾아 봅니다.

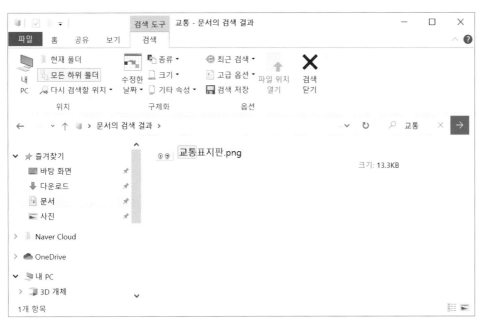

**2** 문제 [1]에서 검색한 파일의 위치를 열고, 다음과 같이 보이도록 설정해 봅니다.

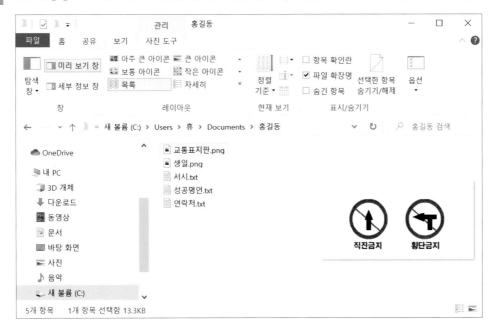

> **힌트**
>
> [검색 도구]–[검색] 탭에서 [옵션] 그룹의 [파일 위치 열기]를 클릭한 후, [보기] 탭을 클릭해 설정
> 합니다.
> - [보기] 탭–[창] 그룹 : 미리 보기 창
> - [보기] 탭–[레이아웃] 그룹 : 목록

**3** [문서] 폴더의 [내문서] 폴더에 있는 '할일.txt' 파일을 사용자 이름 폴더(여기서는 '홍길동')로 이동해 봅니다.

[이동 전]

[이동 후]

**4** 파일 탐색기를 열 때 '즐겨찾기'가 선택되어 나타나도록 설정해 봅니다.

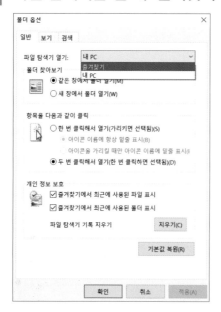

힌트 [보기] 탭에서 [옵션]의 아이콘 부분을 클릭하여 설정합니다.

PART **02**

# 인터넷
## (Microsoft Edge)

# 인터넷과 친해지기

학습 포인트

- 인터넷의 개념
- 도메인의 개념
- 웹 브라우저의 종류
- 인터넷 시작과 종료

인터넷과 관련한 용어들을 살펴보면서 인터넷에 대해 이해해 봅니다. 인터넷을 실행할 수 있는 앱(프로그램) 중 마이크로소프트 엣지(Microsoft Edge)의 기본 화면 구성을 살펴보고, 이를 이용하여 인터넷을 시작하고 종료하는 방법에 대해 알아봅니다.

## Step 01 　인터넷

인터넷(Internet)은 전 세계의 컴퓨터를 연결하여 정보를 교환할 수 있는 통신망(Network)을 일컫는 말입니다. 인터넷과 웹을 비슷한 의미로 사용하고 있지만, 동일한 의미는 아닙니다.

웹(web)은 'World Wide Web'의 줄임말로, 멀티미디어 콘텐츠(문자와 영상, 소리 등)를 하이퍼텍스트 방식을 활용하여 제공하

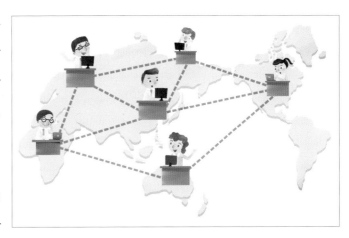

는 인터넷 서비스입니다. 웹은 HTML(Hyper Text Mark-up Language)로 만들어지며, 이런 HTML 문서들을 보여주는 프로그램을 '웹 브라우저(Web Browser)'라고 합니다.

웹 상의 각각의 문서를 '웹 페이지(web page)'라 하는데, 관련 웹 페이지들을 모아둔 것을 '웹 사이트(web site)'라고 합니다. 그냥 '사이트'라고도 부릅니다.

## Step 02 　도메인 네임

우리가 살고 있는 집의 주소가 각각 다르듯이 인터넷상 연결된 각각의 컴퓨터도 숫자 형태의 각각 다른 주소(IP 주소)를 가지고 있습니다. 숫자 형태보다 문자 형태가 기억하기도 쉽고 입력하기도 쉽기 때문에 영문이나 한글 등과 같은 문자로 만든 인터넷 주소로 연결된 컴퓨터의 주소를 알려주는데, 이것을 '도메인 네임'이라고 합니다.

도메인 네임은 웹 사이트의 주소를 말합니다. 웹 상에서 어떤 사이트를 선택했을 때 제일 먼저 보여지는 웹 페이지를 '홈페이지(homepage)'라고 말하기 때문에 보통 웹 사이트의 주소를 '홈페이지 주소'라고도 합니다.

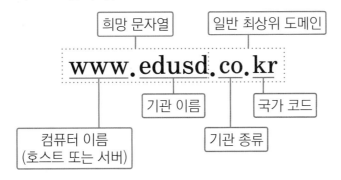

**1** 기관 종류

| 분류 | 도메인 | 분류 | 도메인 |
|------|--------|------|--------|
| 학교 | ac, edu | 비영리 단체 | or, org |
| 회사 | co, com | 연구소 | re |
| 정부기관 | go, gov | 네트워크 | ne, net |

**2** 국가 코드 종류

| 국가 | 도메인 | 국가 | 도메인 |
|------|--------|------|--------|
| 한국 | kr | 미국 | us |
| 일본 | jp | 홍콩 | hk |
| 프랑스 | fr | 중국 | cn |

## Step 03 웹 브라우저

웹 브라우저에는 마이크로소프트사에서 개발한 마이크로소프트 엣지 (Microsoft Edge), 구글에서 개발한 크롬(Chrome), 네이버에서 개발한 웨일(Whale) 등이 있습니다.

▲ 마이크로소프트 엣지 (Microsoft Edge)　　▲ 크롬(Chrome)　　▲ 웨일(Whale)

## Step 04 Microsoft Edge의 화면 구성 살펴보기

**①** **탭** : 연결된 웹 페이지의 이름이 표시됩니다.

**②** **새 탭** : 탭 목록을 추가합니다. 설정에 따라 새 탭을 클릭했을 때 나타나는 웹 페이지의 모습이 달라집니다.

**③** **창 조절 버튼** : 최소화, 최대화/이전 크기로 복원, 닫기 버튼으로 창의 크기를 조절합니다.

**④** **뒤로** : 현재 보이는 웹 페이지 이전에 표시되었던 웹 페이지로 이동합니다.

**⑤** **앞으로** : 뒤로를 이용한 경우 활성화되며, 뒤로를 실행하기 전 웹 페이지로 이동합니다.

**⑥** **새로 고침** : 현재 웹 페이지를 다시 불러와 표시합니다.

**⑦** **주소 표시줄** : 웹 주소를 직접 입력하여 바로 연결하거나 검색어를 입력하여 Microsoft Edge에 설정된 검색 엔진을 통해 관련 정보를 찾을 수 있습니다.

**⑧** **이 페이지를 즐겨찾기에 추가** : 주소 표시줄에 표시된 URL을 즐겨찾기에 추가합니다.

**⑨** **즐겨찾기** : 즐겨찾기 목록 창을 표시하여 즐겨찾기 목록의 추가 및 삭제 등의 기능을 수행하거나 즐겨찾기에 등록된 웹 페이지를 실행하는 등의 즐겨찾기 목록을 관리할 수 있습니다.

**⑩** **컬렉션** : 이미지, 텍스트 또는 전체 웹 페이지와 같은 콘텐츠를 브라우저에 바로 저장할 수 있습니다.

**⑪** **프로필** : 로그인 사용자를 표시합니다.

**⑫** **설정 및 기타** : Microsoft Edge의 환경을 설정합니다.

●●●●
## Step 01　Microsoft Edge 시작하기

**01** [시작(▦)]–[Microsoft Edge]를 선택합니다.

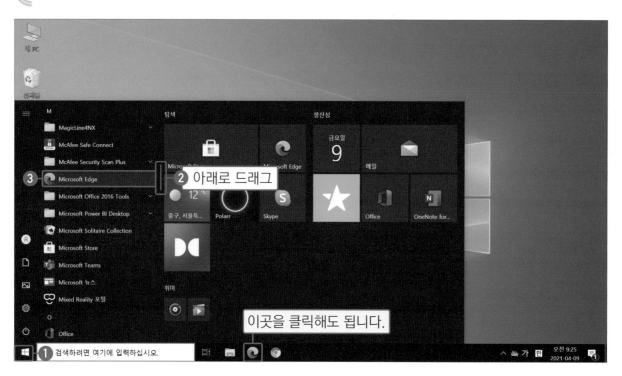

**02** 'Microsoft Edge' 앱이 실행됩니다.

## 웹 사이트 열고, 살펴보기

**01** 주소 표시줄에 'www.naver.com'이라고 입력한 후, Enter 키를 누릅니다.

**02** NAVER 홈페이지가 나타나는 것을 확인할 수 있습니다. [뉴스]를 클릭합니다.

**03** 뉴스 웹 페이지로 이동하면 [헤드라인 뉴스] 중 하나를 클릭합니다.

**04** 이동 막대를 아래로 드래그하거나 마우스 휠을 아래로 드래그하여 현재 보이는 화면 아래의 기사 내용을 살펴봅니다.

## 05 [뒤로(←)]를 클릭합니다.

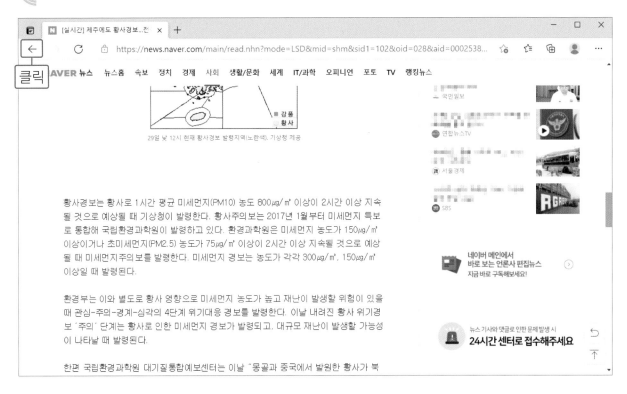

## 06 이전 페이지로 이동되는 것을 확인할 수 있습니다.

**01** [새 탭(+)]을 클릭합니다.

**02** 새로운 탭이 나타나면 주소 표시줄에 '한국인터넷정보센터.한국'이라고 입력한 후, Enter 키를 누릅니다.

**03** KRNIC 홈페이지가 나타납니다. [도메인이름]을 클릭합니다.

**04** 다른 부분도 클릭하여 다양한 정보들을 확인해 봅니다.

**01** 탭 이름 오른쪽에 표시된 [탭 닫기(×)]를 클릭합니다.

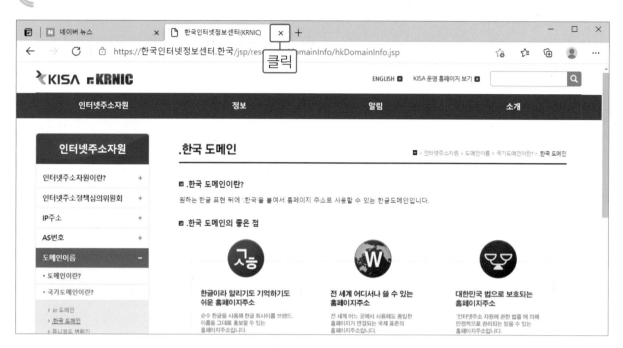

**02** 선택한 탭 이름만 닫힌 것을 확인할 수 있습니다. 이번에는 창의 오른쪽에 표시된 ×
(닫기) 버튼을 클릭합니다.

**03** Microsoft Edge 창이 닫힌 것을 확인할 수 있습니다.

> 위와 같이 탭 이름이 1개만 표시된 경우에는 [탭 닫기(×)]를 클릭해도 Microsoft Edge 창이 닫힙니다.

**01** Microsoft Edge를 실행합니다. Microsoft Edge 창의 오른쪽에 표시된 [설정 및 기타 (⋯)]를 클릭한 후, [설정]을 선택합니다.

**02** [설정] 탭이 나타나면 왼쪽의 [설정] 영역에서 [브라우저 디스플레이]를 선택합니다.

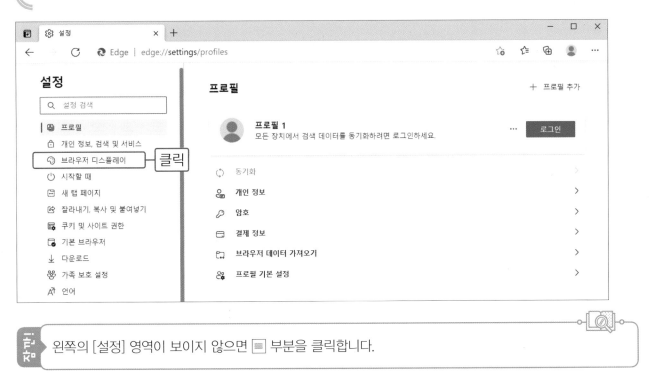

왼쪽의 [설정] 영역이 보이지 않으면 ≡ 부분을 클릭합니다.

**03** 화면 오른쪽 영역에서 [도구 모음 사용자 지정]의 [홈 단추 표시] 옆에 표시된 ⬤◯를 클릭합니다.

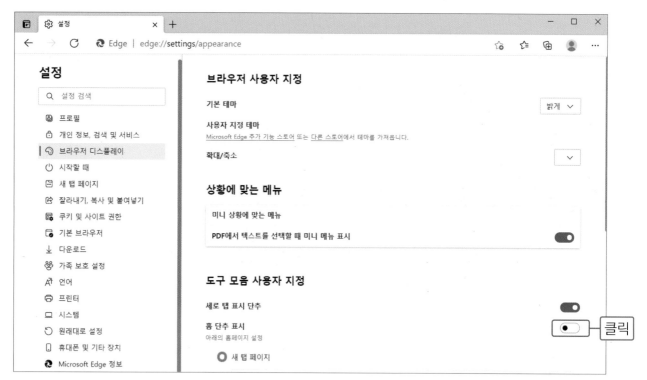

**04** ◯⬤로 변경되고, 주소 표시줄 왼쪽에 집 모양의 아이콘(⌂)이 표시된 것을 확인할 수 있습니다.

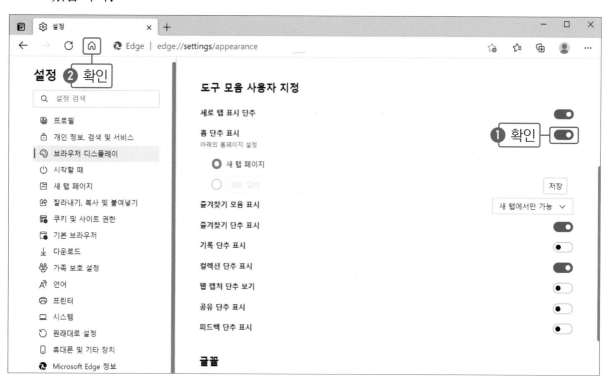

**05** 'URL 입력' 옆의 ○(옵션 버튼)을 클릭한 후, 'www.naver.com'을 입력하고 [저장]을 버튼 클릭합니다.

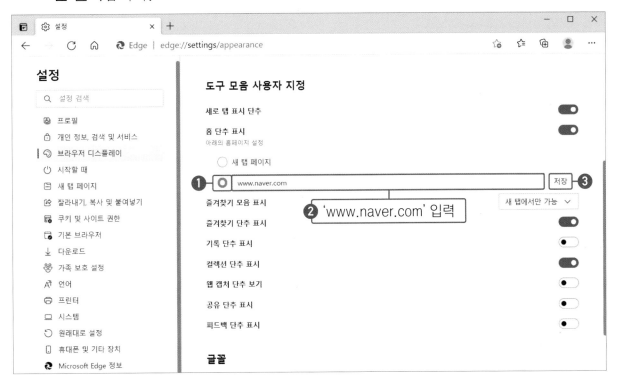

**06** [홈(⌂)]을 클릭합니다.

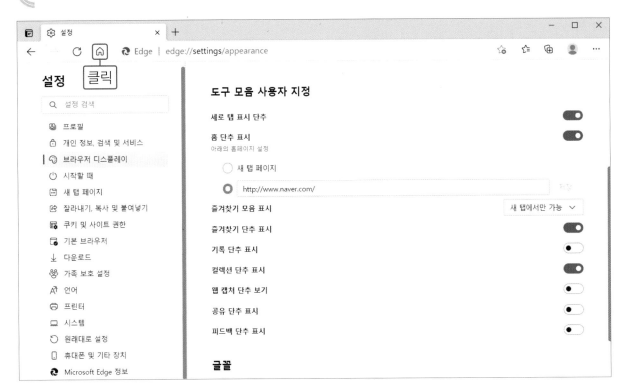

**07** NAVER 홈페이지가 표시되는 것을 확인할 수 있습니다.

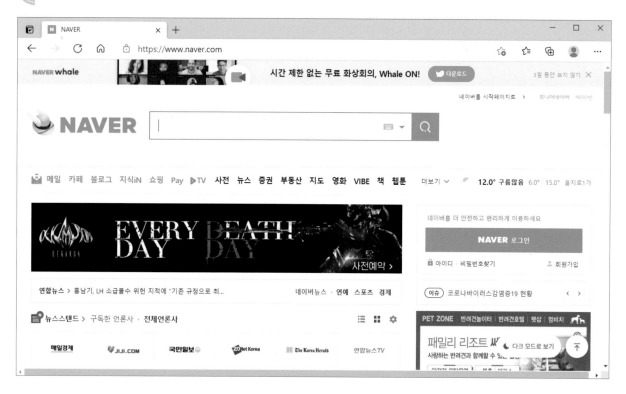

## Step 06 | 시작 페이지 설정하기

**01** Microsoft Edge 창의 오른쪽에 표시된 [설정 및 기타( ··· )]를 클릭한 후, [설정]을 선택합니다. [설정] 탭이 나타나면 왼쪽의 [설정] 영역에서 [시작할 때]를 선택합니다.

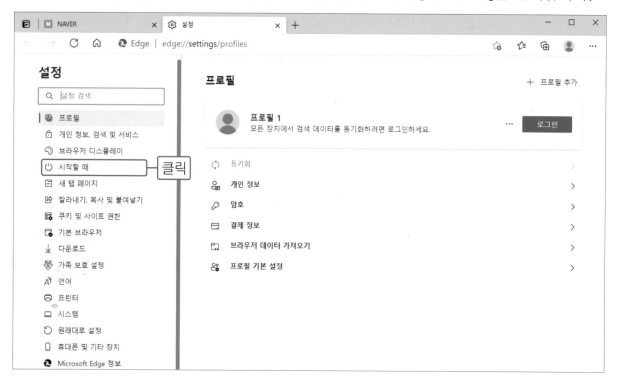

**02** 화면 오른쪽에서 [시작할 때]의 **[특정 페이지 열기]**를 클릭합니다.

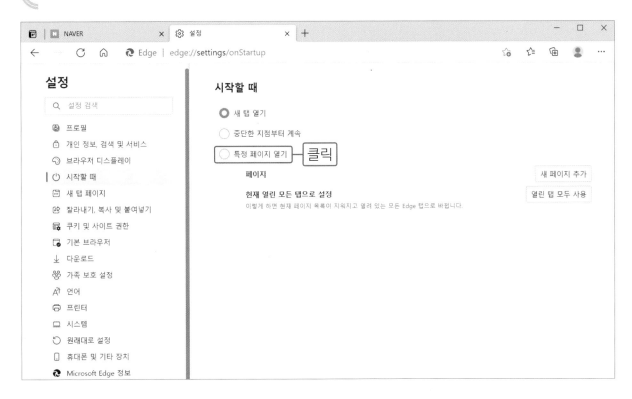

**03** **[새 페이지 추가]** 버튼을 클릭합니다. [새 페이지 추가] 대화상자가 나타나면 [URL 입력]란에 'www.daum.net'을 입력하고, **[추가]** 버튼을 클릭합니다.

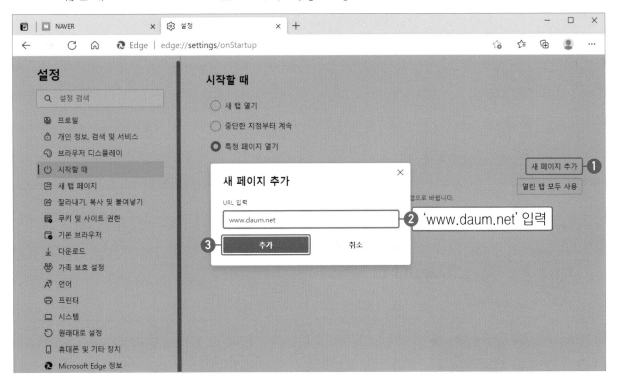

**04** 입력한 페이지가 추가된 것을 확인할 수 있습니다. 창의 오른쪽에 표시된 ☒(닫기) 버튼을 클릭합니다.

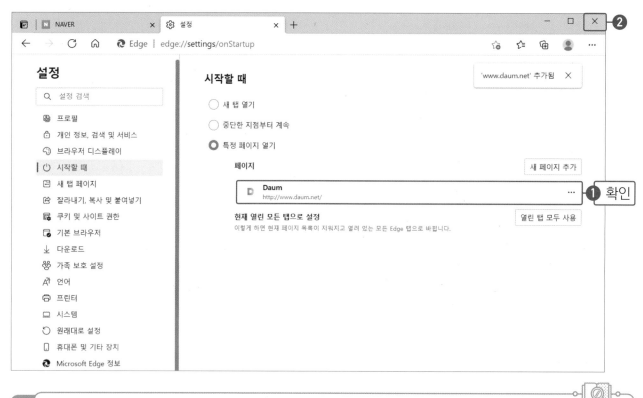

> 시작 페이지는 [추가 작업(┈)]을 클릭하여 삭제하거나 변경할 수 있습니다.

**05** Microsoft Edge를 실행합니다. 새 탭이 아니라 Daum 홈페이지가 나타나는 것을 확인할 수 있습니다. ☒(닫기) 버튼을 클릭합니다.

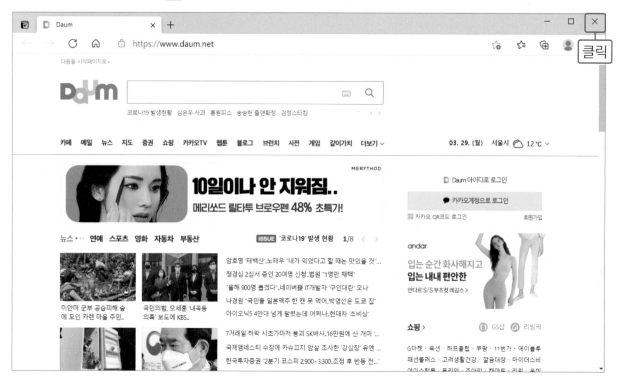

**1** Microsoft Edge를 실행한 후, '네이트온(www.nate.com)'에 접속해 봅니다.

**팁!** 주소 표시줄에 'www.nate.com'을 입력하고 Enter 키를 누릅니다.

**2** 새 탭을 추가한 후, '정부24(www.gov.kr)'에 접속해 봅니다.

**팁!** [새 탭(+)]을 클릭한 후, 주소 표시줄에 'www.gov.kr'을 입력하고 Enter 키를 누릅니다.

**3** Microsoft Edge를 실행할 때 나타나는 웹 페이지를 '네이버(www.naver.com)'로 설정해 봅니다.

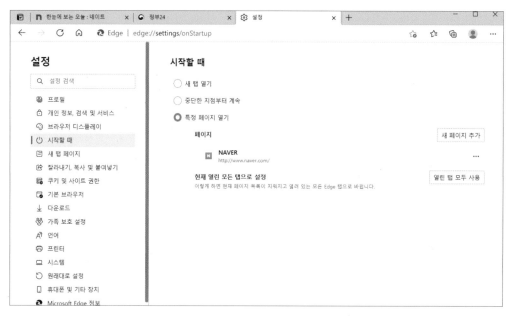

**힌트!**

① Microsoft Edge 창의 오른쪽에 표시된 [설정 및 기타(⋯)]를 클릭한 후, [설정]을 선택합니다.

② [설정] 탭이 나타나면 왼쪽의 [설정] 영역에서 [시작할 때]를 선택합니다.

③ [시작할 때]의 [페이지]에서 등록된 사이트 옆의 [추가 작업(⋯)]을 클릭하여 [편집]을 선택합니다.

④ [페이지 편집] 대화상자가 나타나면 'www.naver.com'을 입력하고 [저장] 버튼을 클릭합니다.

**4** Microsoft Edge를 종료한 후, 다시 실행해 봅니다.

# 인터넷에서 정보 찾기

학습 포인트

- 검색 엔진의 개념
- 다양한 검색 방법
- 검색 엔진 변경

인터넷에는 많은 자료들이 있습니다. 이 중 원하는 자료만을 골라서 살펴보기 위해서는 찾고자 하는 핵심(키워드)을 무엇으로 선택하고, 어떻게 찾느냐가 중요합니다. 이번 장에서는 마이크로소프트 엣지(Microsoft Edge)의 검색 기능과 검색 서비스를 지원하는 사이트를 활용하여 다양한 정보들을 골라내는 방법에 대하여 살펴보도록 하겠습니다.

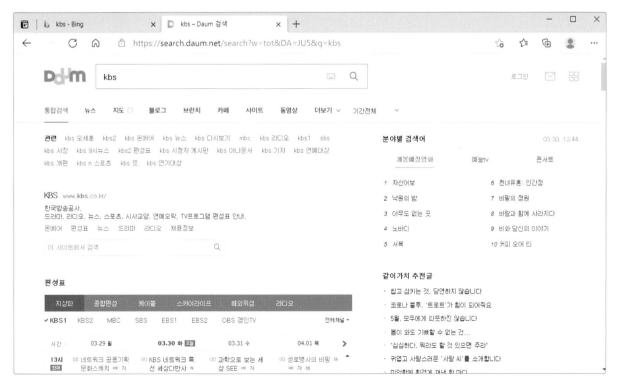

•••• ──
## Step 01 검색 엔진

웹 검색 엔진은 웹 사이트를 검색하기 위한 프로그램으로, 검색어를 입력하면 검색 엔진이 그에 맞는 결과를 보여 줍니다. 대부분 네이버나 구글, 다음, 야후, 빙 등에서 웹 서비스로 제공하고 있습니다. Microsoft Edge의 주소 표시줄에서 제공하는 기본 검색 엔진은 Bing(빙)입니다.

•••• ──
## Step 02 검색 방법

네이버나 구글, 다음, 야후, 빙 등의 검색 서비스를 제공하는 사이트를 통해 정보를 찾을 수 있습니다. 기본적으로 찾고자 하는 기본 키워드(단어)로 검색할 수 있습니다. 검색 연산자를 이용하면 2개 이상의 키워드(단어)를 활용하여 검색하여 검색 범위를 줄일 수 있으며, 입력한 문장 그대로를 찾거나 특정 단어를 제외할 수도 있습니다. (사이트에 따라 지원되는 연산자가 다를 수 있습니다.)

| 구분 | 연산자 |
| --- | --- |
| 모두 포함 | + |
| 최소 하나 포함 | \| |
| 제외 | − |
| 문장 검색 | " " |

## Step 01  단어(키워드)로 검색하기

**01** Microsoft Edge를 실행합니다. 네이버의 검색창에 '날씨'라고 입력한 후 `Enter` 키를 누릅니다.

> 사용자 컴퓨터의 설정에 따라 Microsoft Edge를 실행했을 때의 화면은 다를 수 있습니다. 네이버 홈페이지가
> 첫 화면으로 실행되지 않은 경우 주소 표시줄에 'www.naver.com'을 입력한 후, `Enter` 키를 눌러 직접 연결합
> 니다.

**02** 날씨와 관련된 검색 결과가 표시됩니다. 이동 막대를 아래로 드래그합니다.

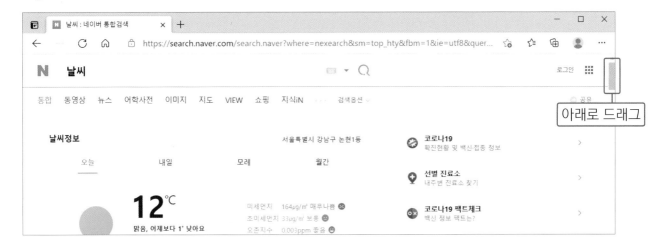

**03** 카테고리별로 다양한 정보들이 제공되고 있는 것을 확인할 수 있습니다.

 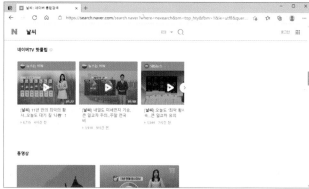

**04** 찾고자 하는 결과를 바로 확인하거나 검색 결과 중 선택하여 해당 웹 사이트 또는 웹 페이지로 접속하여 확인할 수 있습니다.

단어를 조합하여 검색하기

**01** [홈(⌂)]을 클릭합니다. 이번에는 네이버의 검색창에 '뉴욕 내일 날씨'로 입력한 후 Enter 키를 누릅니다.

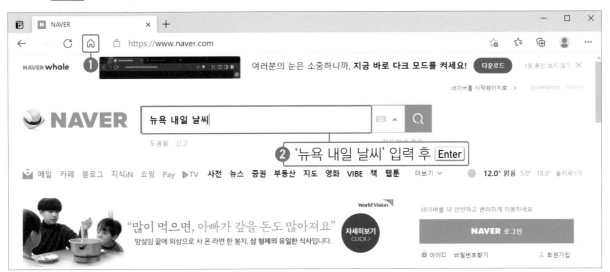

**02** 추가된 단어에 따라 결과가 달라진 것을 확인할 수 있습니다.

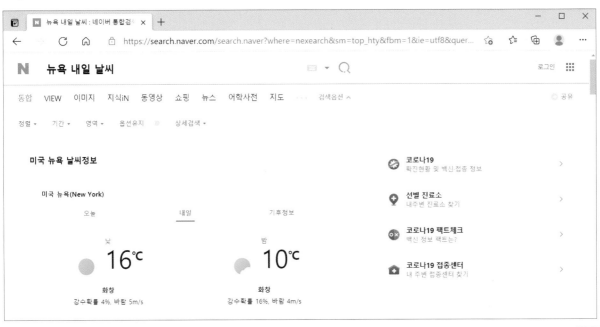

네이버의 검색창 오른쪽에 있는 ⌨을 클릭하면 마우스를 이용하여 입력할 수도 있습니다. 입력 후 Enter 키 대신 🔍을 클릭하면 됩니다.

**01** 네이버의 검색창에 '구글 이미지'라고 입력한 후 [Enter] 키를 누릅니다. 검색 결과 중 [Google 이미지]를 클릭합니다.

주소 표시줄에 'www.google.com'를 입력하여 Google 홈페이지에 접속한 후, [이미지]를 클릭해도 됩니다.

**02** 구글의 검색창에 '구름'을 입력한 후, Enter 키를 누릅니다.

**03** 검색 결과에 이미지들만 표시되어 나타납니다. [도구]를 클릭합니다.

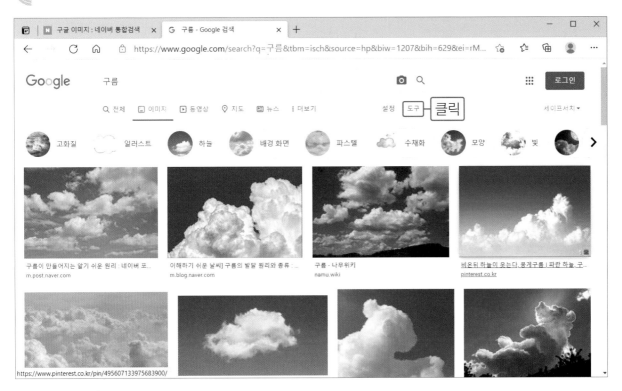

**04** 도구 표시줄에서 [사용권]을 클릭한 후 [크리에이티브 커먼즈 라이선스]를 선택합니다.

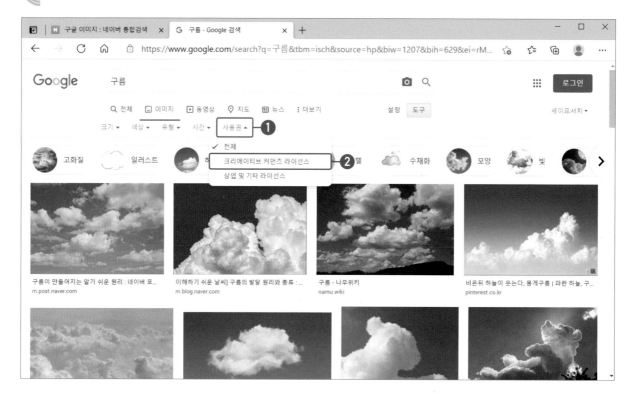

**05** 변경된 결과 이미지 중 하나를 선택하여 클릭합니다.

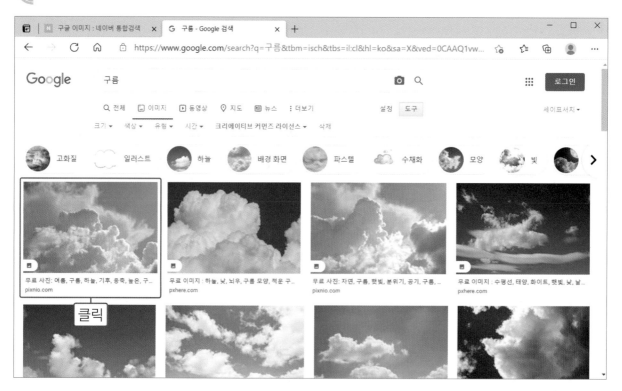

**06** [이미지 받기]를 클릭합니다.

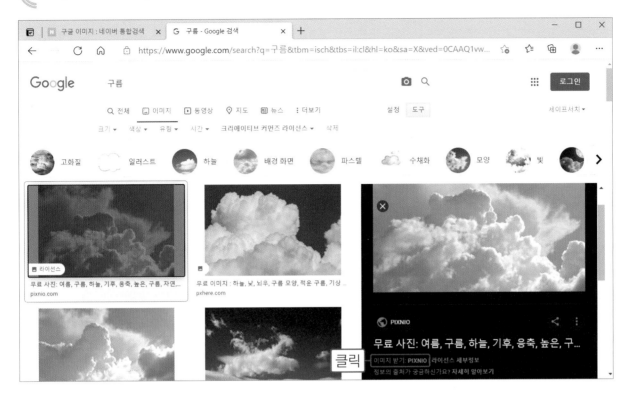

**07** 해당 이미지의 [무료 다운로드] 버튼을 클릭합니다.

선택한 이미지에 따라 접속되는 사이트가 달라질 수 있습니다. 사이트에 따라 다운로드 방법에 차이가 있을 수 있습니다.

**08** 다운로드할 품질을 선택한 후, [다운로드]를 클릭합니다.

**09** 하단에 다운로드 진행 상황이 표시됩니다. 다운로드가 완료된 후 [파일 열기]를 클릭하면 사용자 컴퓨터에 설정된 앱(프로그램)을 통해 이미지를 확인할 수 있습니다.

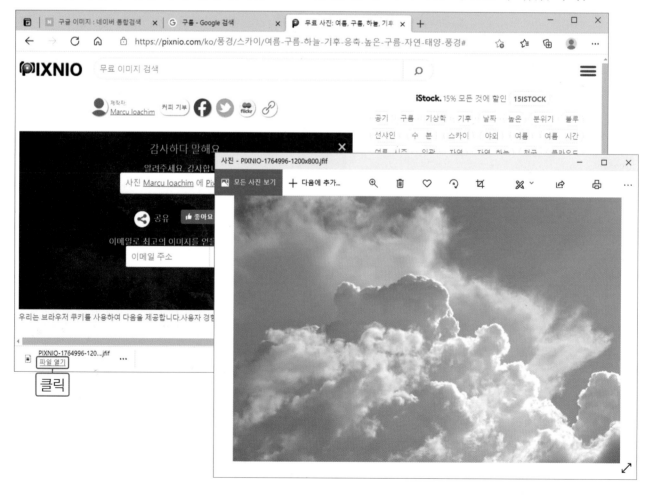

**10** 다운로드된 파일은 [내 PC]의 [다운로드] 폴더에서 확인할 수 있습니다.

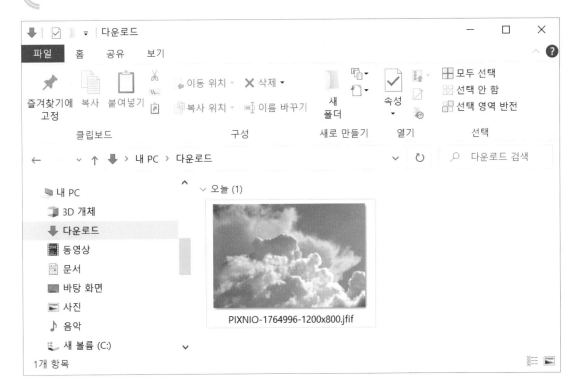

**11** 불필요한 2개의 탭은 [탭 닫기(✕)]를 클릭해 닫은 후, [홈(⌂)]을 클릭합니다.

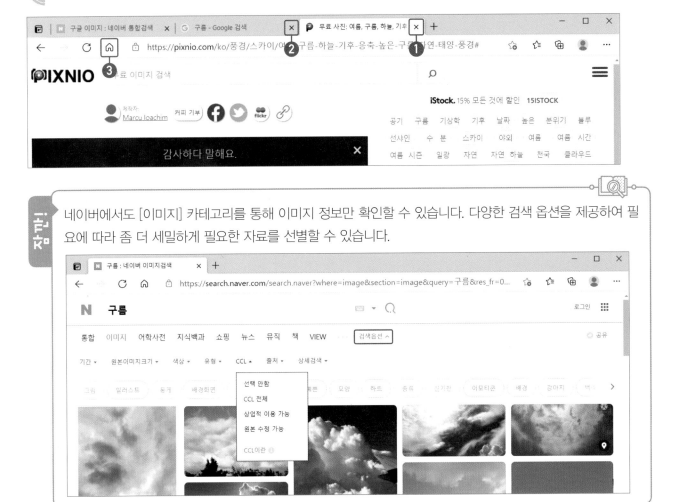

네이버에서도 [이미지] 카테고리를 통해 이미지 정보만 확인할 수 있습니다. 다양한 검색 옵션을 제공하여 필요에 따라 좀 더 세밀하게 필요한 자료를 선별할 수 있습니다.

**01** Microsoft Edge의 주소 표시줄에 'kbs'를 입력한 후, Enter 키를 누릅니다.

검색 서비스를 제공하는 웹 사이트에 접속하지 않고도 주소 표시줄을 통해 Microsoft Edge에서 제공하는 검색 기능을 이용할 수 있습니다.

**02** Microsoft Bing을 통해 검색 결과를 보여줍니다.

**03** [설정 및 기타(⋯)]를 클릭한 후 [설정]을 선택합니다.

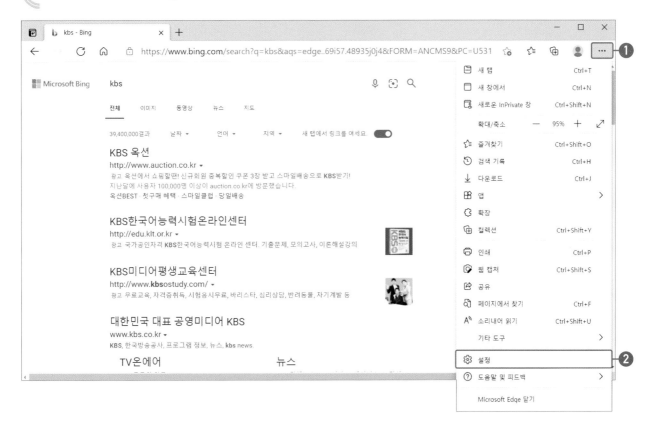

**04** [설정] 탭이 나타나면 왼쪽의 [설정] 영역에서 [개인 정보, 검색 및 서비스]를 선택합니다.

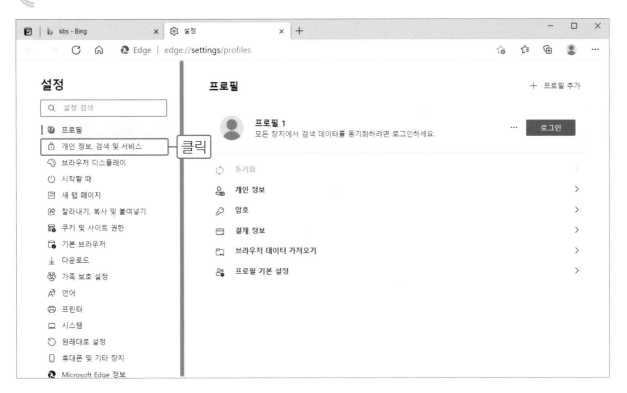

**05** 이동 막대를 아래로 드래그한 후, [서비스]에서 [주소 표시줄 및 검색]의 $\boxed{>}$을 클릭합니다.

**06** [검색 주소창에 사용된 검색 엔진] 옆의 $\boxed{\text{Bing (맞춤, 기본값) } \vee}$을 클릭한 후, [Daum]을 선택합니다.

**07** 설정된 검색 엔진의 기본값이 변경된 것을 확인한 후, 주소 표시줄에 'kbs'를 입력한 후 Enter 키를 누릅니다.

**08** Bing이 아닌 Daum의 검색 서비스 화면에서 검색 결과를 보여 줍니다.

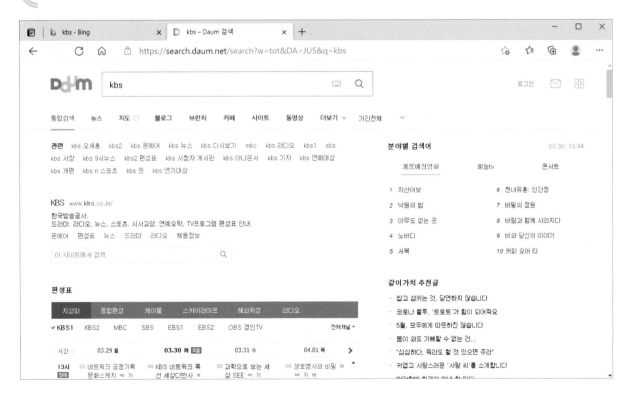

**1** '휴일지킴이약국 - pharm114' 사이트를 찾아 접속해 봅니다.

**힌트!** 사이트의 주소를 알면 주소 표시줄에 직접 입력하여 접속할 수 있습니다. 주소를 모를 경우 '휴일약국', '휴일지킴이약국', 'pharm 114' 등과 같은 키워드를 이용해 검색하여 접속할 수 있습니다.

**2** 유네스코에 등재된 세계기록유산 목록 중 한국의 세계기록유산은 몇 개인지 알아보고 입력해 봅니다.

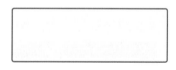

**힌트!** '유네스코 한국 세계기록유산 목록'으로 검색한 후, 결과 중 신뢰성이 있는 정보를 선택합니다.

**3** 네이버의 [이미지] 카테고리를 활용하여 상업적 용도로 사용 가능한 '나무'와 관련된 이미지를 찾아봅니다.

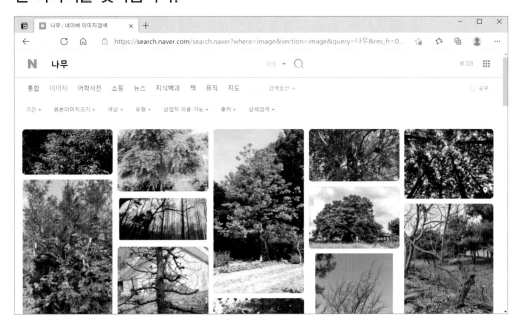

> **힌트!**
> ① 네이버 검색창에 '나무'를 입력한 후 Enter 키를 누릅니다.
> ② [이미지] 카테고리를 클릭합니다.
> ③ [검색 옵션]의 [CCL]을 클릭하여 [상업적 이용 가능]을 선택합니다.

**4** 주소 표시줄의 기본 검색 엔진을 'Bing'으로 변경해 봅니다.

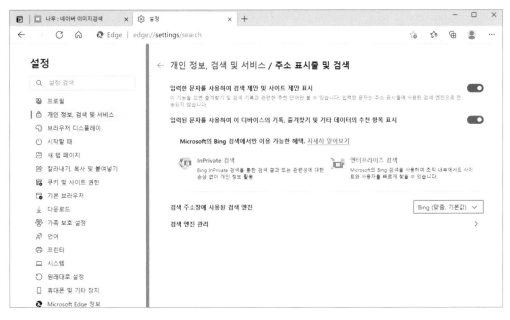

# 03 생활 속 인터넷 활용하기-1

**학습 포인트**
- 즐겨찾기 추가
- 즐겨찾기 이동
- 즐겨찾기 이름 변경
- 즐겨찾기 삭제

인터넷을 하다 보면 자주 방문하는 사이트가 생기게 됩니다. 매번 해당 사이트의 주소를 입력하거나 검색하여 방문하는 것은 매우 번거로운 일입니다. 특히 검색하여 사이트를 찾는 경우에는 검색 결과 노출 순위가 바뀌어 찾는 데 시간이 소요되기도 합니다. 이번 장에서는 자주 방문하는 사이트를 등록해 두고 빨리 찾아가는 방법에 대해 알아봅니다.

## 미 리 보 기

## Step 01  즐겨찾기

즐겨찾기는 책갈피 또는 핸드폰의 전화번호 단축키와 같은 역할을 하는 기능입니다.

자주 방문하는 사이트를 등록하여 좀 더 빨리 접속할 수 있도록 도와줍니다. 또한 관련된 유사 사이트나 정보가 있는 웹 페이지를 동일 폴더에 담아 필요할 때 바로 접속할 수 있도록 도와줍니다.

## Step 02  즐겨찾기 추가 및 관리하기

주소 표시줄 옆에 있는 [이 페이지를 즐겨찾기에 추가(⭐)]를 클릭하면 쉽고 빠르게 즐겨찾기에 추가할 수 있습니다.

추가된 즐겨찾기 항목은 [즐겨찾기(⭐)]를 클릭해 확인할 수 있으며, 항목을 클릭하면 바로 해당 웹 페이지가 열립니다. [즐겨찾기] 창에서는 즐겨찾기의 추가, 폴더 생성, 이동, 삭제 등의 관리를 할 수 있습니다.

① ⭐(현재 탭을 즐겨찾기에 추가) : 현재 탭을 즐겨찾기에 추가할 수 있습니다.

② ⭐(폴더 추가) : 새 폴더를 추가할 수 있습니다.

③ 🔍(즐겨찾기 검색) : 즐겨찾기로 등록한 항목이 많을 때 키워드를 이용하여 원하는 즐겨찾기 항목을 찾을 수 있습니다.

④ …(기타 옵션) : 즐겨찾기 관리, 추가, 제거하기, 내보내기, 가져오기, 중복 제거 등을 할 수 있습니다.

⑤ 📌(즐겨찾기 고정) : [즐겨찾기] 창을 Microsoft Edge 오른쪽에 표시합니다.

## 02 | 실력 다듬기 ▶ 나만의 추천 리스트 작성하기

---

**Step 01** | 비교 사이트에서 물건 찾기

**01** Microsoft Edge를 실행합니다. 네이버의 검색창에 '다나와'라고 입력한 후 Enter 키를 누릅니다.

**02** 검색 결과 중 다나와 사이트를 찾아 클릭합니다.

**03** danawa 홈페이지가 나타나면 카테고리를 활용하여 비교하고 싶은 **상품**을 선택합니다.

**04** 상세 검색을 위해 원하는 옵션을 클릭하여 체크 표시를 합니다.

**05** 이동 막대를 아래로 드래그하여 결과를 확인해 봅니다.

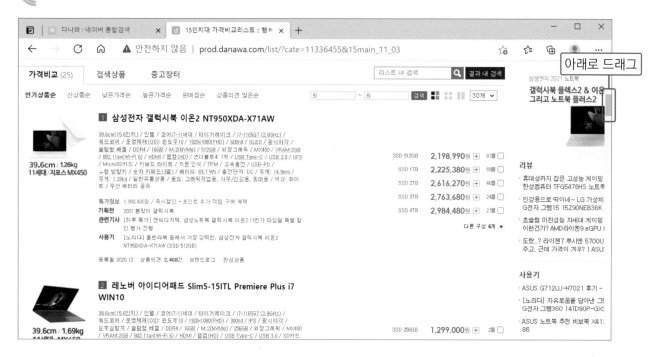

## Step 02 즐겨찾기에 추가하기

**01** 주소 표시줄의 오른쪽에 있는 [이 페이지를 즐겨찾기에 추가(☆)]를 클릭합니다.

**즐겨찾기 추가하는 또 다른 방법**

[즐겨찾기(☆)]를 클릭한 후, [현재 탭 추가(☆)]를 클릭해도 됩니다.

**02** [즐겨찾기 추가됨] 대화상자가 나타나면 [이름]을 수정하고, [완료] 버튼을 클릭합니다.

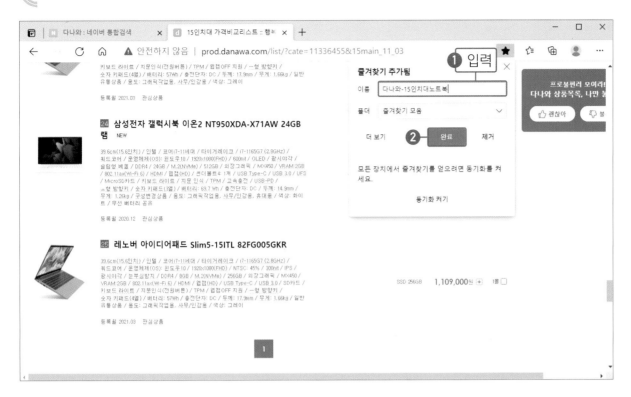

**03** [탭 닫기(×)]를 클릭해 닫은 후, [즐겨찾기(☆)]를 클릭합니다.

**04** [즐겨찾기] 창이 나타나면 [즐겨찾기 모음]을 클릭합니다.

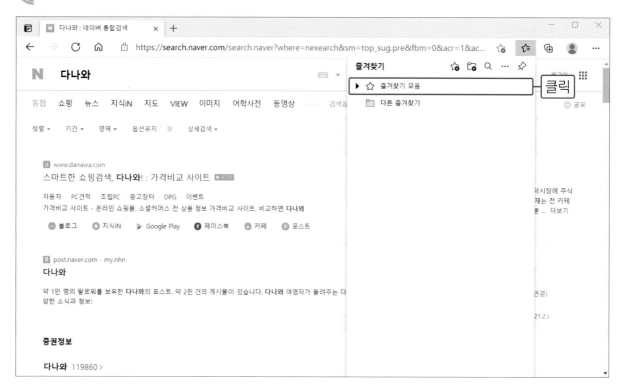

**05** 앞의 실습에서 등록해 둔 즐겨찾기 이름이 보이는 것을 확인할 수 있습니다. [즐겨찾기 모음]에 들어 있는 항목을 클릭합니다.

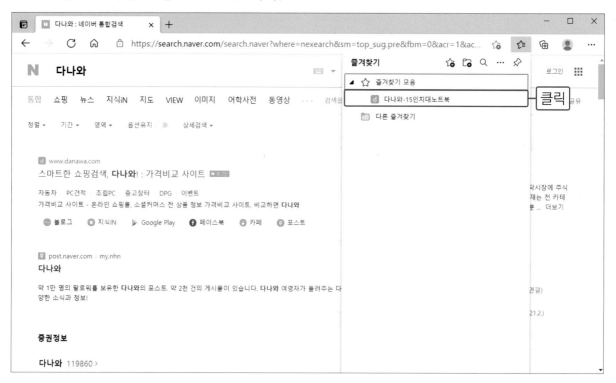

**06** 다나와의 15인치 노트북 정보가 있는 페이지가 열리는 것을 확인할 수 있습니다. [홈(⌂)]을 클릭합니다.

Step 03

## 새로 만든 폴더에 즐겨찾기 추가하기

**01** 네이버의 검색창에 '에누리닷컴'이라고 입력한 후 Enter 키를 누릅니다.

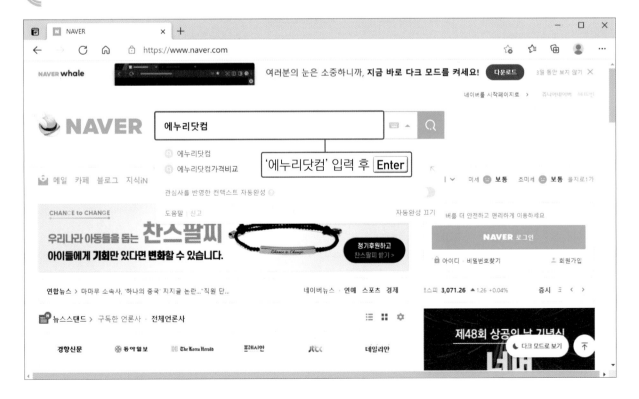

**02** 검색 결과 중 에누리닷컴 사이트를 찾아 클릭합니다.

**03** eNURI 홈페이지가 나타나면 [이 페이지를 즐겨찾기에 추가(☆)]를 클릭합니다.

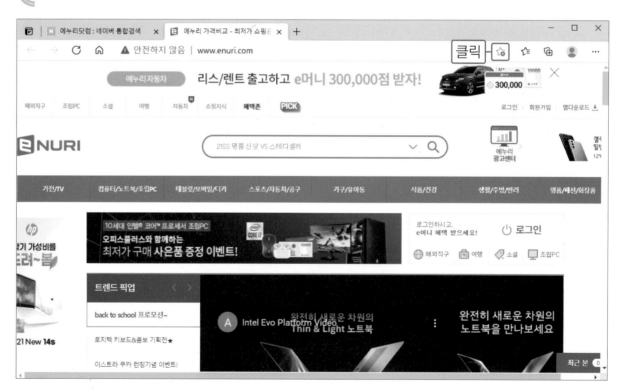

**04** [즐겨찾기 추가됨] 대화상자가 나타나면 [이름]을 수정하고, [폴더]의 [즐겨찾기 모음]을 클릭한 후 [다른 폴더 선택]을 선택합니다.

**05** [즐겨찾기 편집] 대화상자가 나타나면 [새 폴더] 버튼을 클릭합니다.

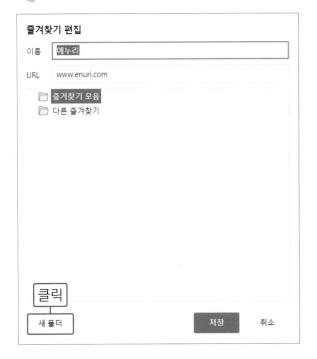

**06** '새 폴더'가 생성되면 '가격비교'라고 입력한 후 Enter 키를 누르고 [저장] 버튼을 클릭합니다.

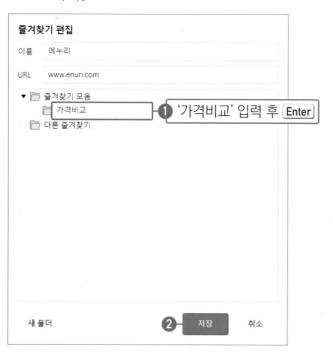

**07** [즐겨찾기(⭐)]를 클릭합니다. [즐겨찾기] 창에 [가격비교] 폴더가 생성되어 있는 것을 확인할 수 있습니다. [가격비교]를 클릭합니다.

**08** 해당 폴더 안에 즐겨찾기 항목이 들어가 있는 것을 확인할 수 있습니다. [탭 닫기(×)]를 클릭합니다.

**09** 이번에는 네이버의 검색창에 '네이버 쇼핑'이라고 입력한 후 Enter 키를 누릅니다. 검색 결과 중 네이버 쇼핑 사이트를 찾아 클릭합니다.

**10** N쇼핑 홈페이지가 나타나면 [이 페이지를 즐겨찾기에 추가(☆)]를 클릭합니다. 즐겨찾기의 [이름]과 [폴더]를 확인한 후 수정할 사항이 없다면 [완료] 버튼을 클릭합니다. [탭 닫기(×)]를 클릭합니다.

> [폴더]의 설정 이름이 '가격비교'로 표시되어 있지 않다면 클릭하여 [가격비교]를 선택한 후 [완료] 버튼을 클릭합니다.

**11** 이번에는 네이버의 검색창에 '쇼핑하우'라고 입력한 후 Enter 키를 누릅니다. 검색 결과 중 쇼핑하우 사이트를 찾아 클릭합니다.

**12** 쇼핑하우 홈페이지가 나타나면 [이 페이지를 즐겨찾기에 추가(⭐)]를 클릭합니다. [완료]
버튼을 클릭합니다.

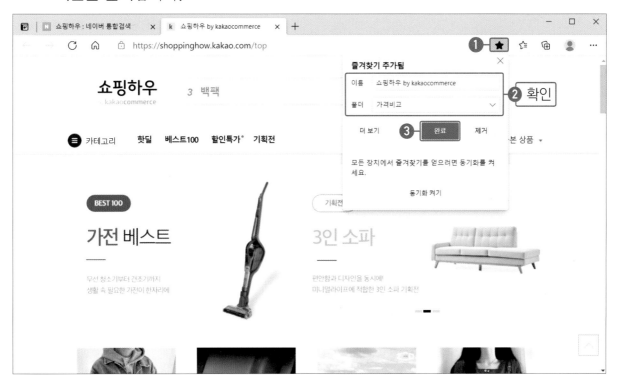

**13** [즐겨찾기(⭐)]를 클릭하여 즐겨찾기에 추가된 사항을 확인해봅니다.

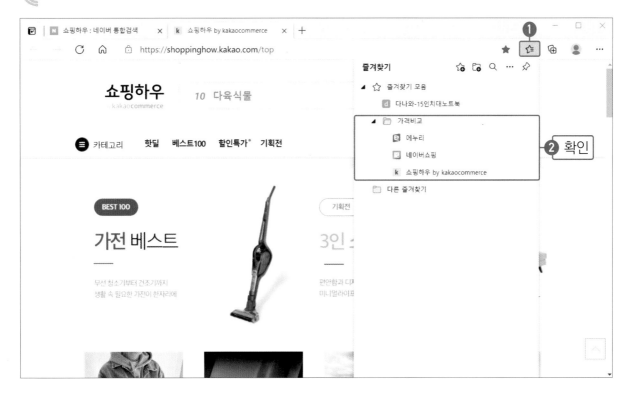

**01** [이 페이지에 대한 즐겨찾기 편집(★)]을 클릭합니다.

**02** [즐겨찾기 편집] 대화상자가 나타나면 [이름]을 수정하고 [완료] 버튼을 클릭합니다.

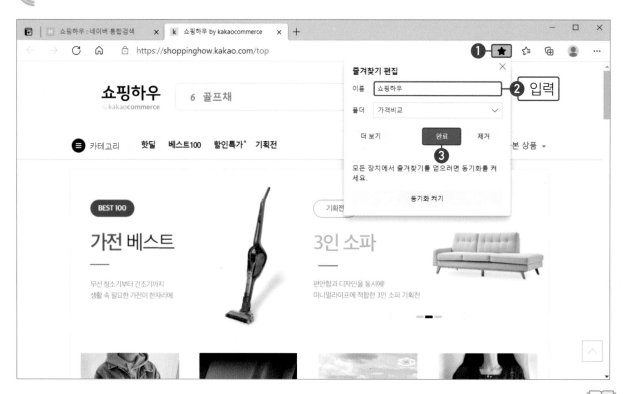

**참고! | 즐겨찾기를 편집하는 또다른 방법**

지금처럼 화면에 열려져 있지 않은 즐겨찾기 항목을 수정하고자 하는 경우에는 [즐겨찾기(☆)]를 클릭한 후 [즐겨찾기] 창에서 수정하고 싶은 즐겨찾기 항목을 마우스 오른쪽 버튼으로 클릭하여 나타나는 바로 가기 메뉴를 활용합니다.

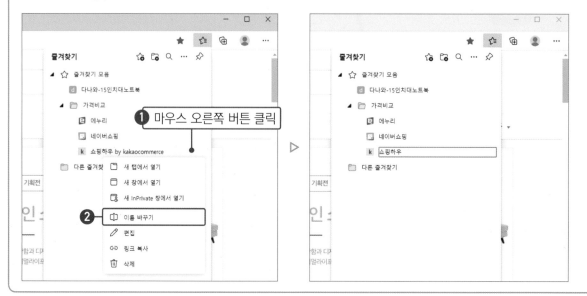

**01** [즐겨찾기(☆)]를 클릭합니다.

**02** [즐겨찾기] 창에서 위치를 이동할 즐겨찾기 항목을 선택한 후 이동하고 싶은 위치로 드래그합니다.

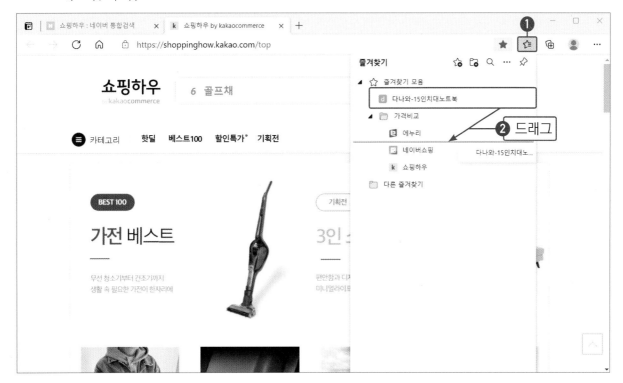

**03** 위치가 이동된 것을 확인할 수 있습니다.

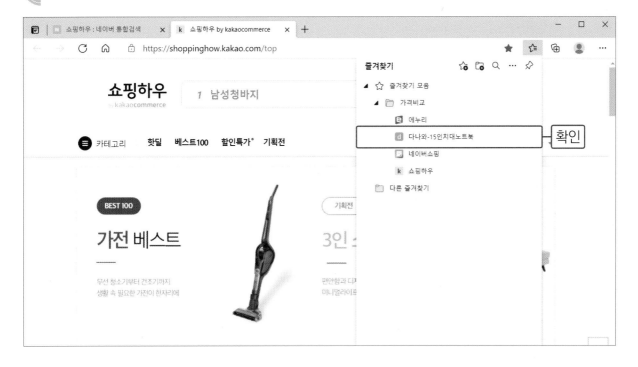

**01** [즐겨찾기] 창에서 삭제하고 싶은 즐겨찾기 **항목을 선택**한 후 **마우스 오른쪽 버튼을 클**릭합니다. 바로 가기 메뉴가 나타나면 [삭제]를 선택합니다.

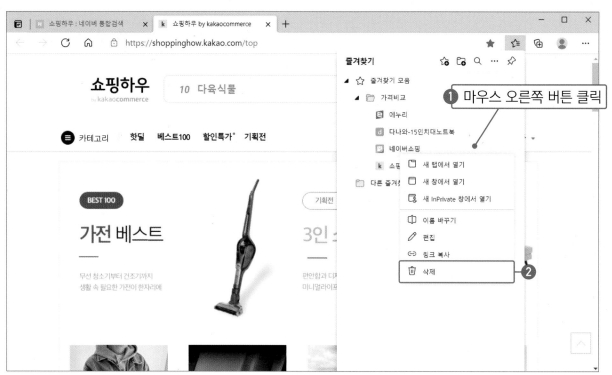

**02** 선택한 항목이 즐겨찾기 목록에서 삭제된 것을 확인할 수 있습니다.

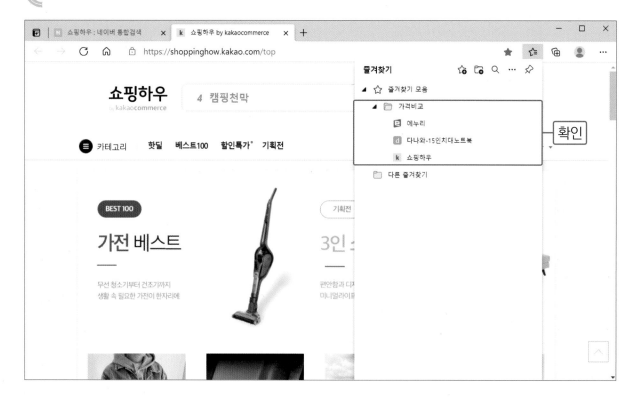

**1** '실거래가 공개시스템(rt.molit.go.kr)' 사이트를 즐겨찾기의 [즐겨찾기 모음]에 '실거래확인'이라는 이름으로 추가해봅니다.

> **힌트!** '실거래가 공개시스템'으로 검색하거나 홈페이지 주소를 입력하여 '국토교통부 실거래가 공개시스템(rt.molit.go.kr)'에 접속한 후 [이 페이지를 즐겨찾기에 추가(⭐)]를 클릭합니다.

**2** 다음과 같은 홈페이지들을 [즐겨찾기 모음]의 [부동산] 폴더에 추가해 봅니다.

- 부동산114(www.r114.com)
- 다방(www.dabangapp.com)
- 직방(zigbang.com)
- 네이버 부동산(land.naver.com)
- 다음 부동산(realty.daum.net)

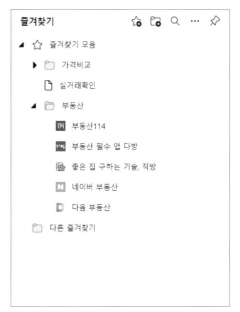

> **힌트!** [즐겨찾기 추가됨] 대화상자가 나타나면 [폴더]의 이름을 클릭한 후 폴더 목록 중 '부동산'이 보이지 않으면 [다른 폴더 선택]을 선택해 [즐겨찾기 편집] 대화상자에서 [부동산] 폴더를 새로 만듭니다.

**3** '실거래확인'이라는 이름의 즐겨찾기 항목을 [부동산] 폴더로 이동해 봅니다.

**4** [부동산] 폴더의 즐겨찾기 항목 이름을 다음과 같이 수정해 봅니다.

**5** 다음과 같이 [부동산] 폴더의 '네이버 부동산'과 '다음 부동산'을 삭제해 봅니다.

# 04 생활 속 인터넷 활용하기-2

학습 포인트

- 지도 검색
- 주변 탐색
- 장소 찾기
- 길 찾기

내비게이션을 구입하지 않아도 인터넷에는 가야 할 장소를 안내해주는 서비스를 제공하고 있습니다. 처음 가보는 장소라도 여러 번 방문한 사람처럼 찾고자 하는 장소에 대한 정보를 알 수 있고, 원하는 방법(자동차, 대중교통, 도보, 자전거 등)으로 찾아갈 수도 있는 방법에 대하여 살펴보도록 하겠습니다.

미 리 보 기

네이버, 구글, 다음 등의 사이트에서는 '지도' 서비스를 통해 지역 정보를 검색하고, 버스나 운전 경로 등 길 찾기 정보를 제공합니다.

**1 네이버 지도**

**2 구글 지도**

**3 다음 지도**

**Step 01** 주변 탐방하기-1

**01** Microsoft Edge를 실행합니다. 네이버 검색창에 '카카오맵'을 입력한 후, Enter 키를 누릅니다.

**02** 검색 결과 중 카카오맵 사이트를 찾아 클릭합니다.

**03** kakaomap 페이지가 나타납니다. 화면에 보이는 위치를 조정하기 위해 여기서는 [서울특별시]를 클릭합니다.

**04** 지역을 바꾸기 위해 나타나는 메뉴에서 [부산광역시]를 선택합니다.

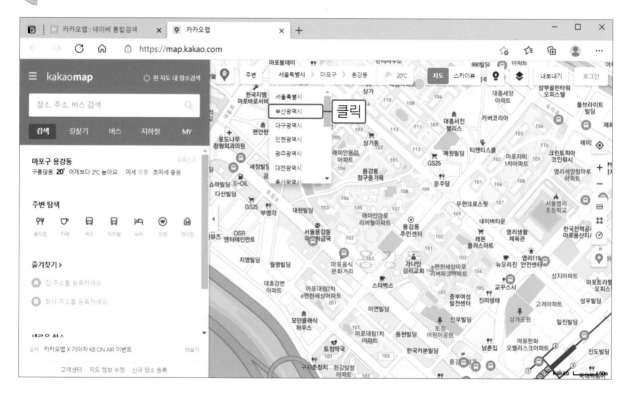

**05** 지도가 변경된 것을 확인할 수 있습니다. 이번에는 **구 이름**을 클릭하여 **[수영구]**를 선택합니다.

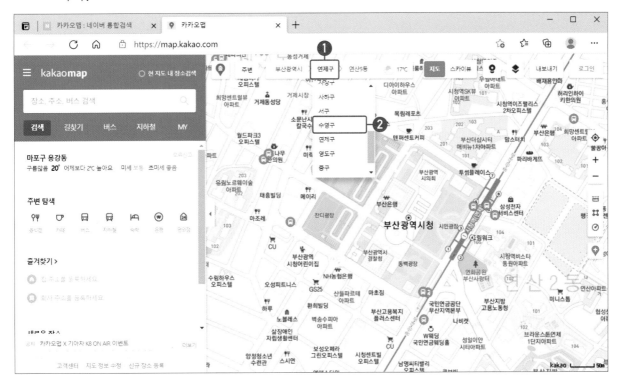

**06** 지도가 변경된 것을 확인할 수 있습니다. 이번에는 **동 이름**을 클릭하여 **[민락동]**을 선택합니다.

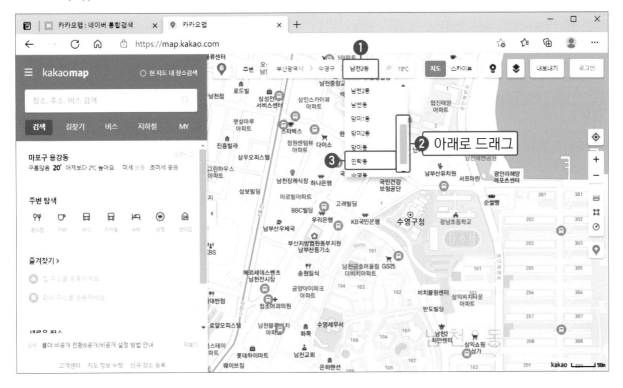

**07** 지도가 변경된 것을 확인할 수 있습니다. [주변]을 클릭한 후, [카페]를 선택합니다.

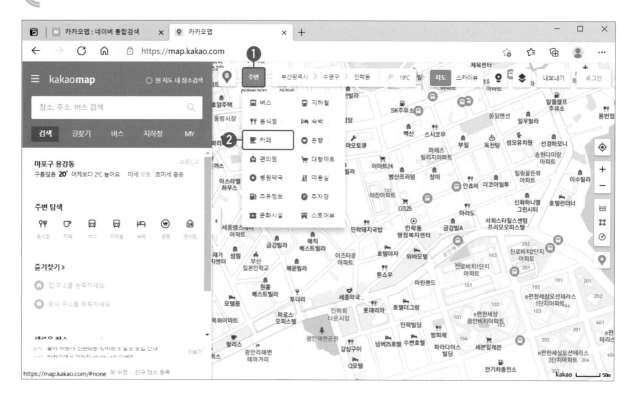

**08** 주변 카페들의 위치가 표시됩니다. [축소( – )]를 클릭합니다.

**09** 지도가 축소되어 더 넓은 지역을 확인할 수 있습니다. 지도 화면 위로 마우스 포인터를 이동한 후, 드래그합니다.

**10** 지도의 위치가 변경된 것을 확인할 수 있습니다. 지도 화면 위에 강조된 곳으로 마우스 포인터를 이동하면 카페 이름이 말풍선으로 나타납니다. 원하는 카페를 클릭합니다.

**11** 선택한 장소의 평점 및 주소, 연락처 등의 정보를 확인할 수 있습니다. [상세보기]를 클릭하면 좀 더 많은 정보를 확인할 수 있습니다.

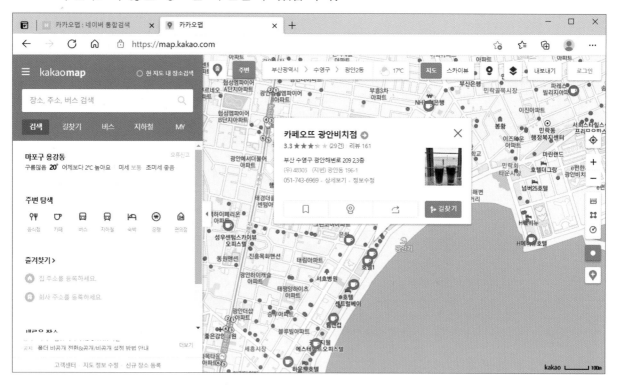

---

## Step 02  주변 탐방하기-2

**01** 찾아갈 장소의 이름을 알고 있다면 직접 입력하여 찾을 수 있습니다. 왼쪽의 검색창에 '소래포구'를 입력한 후 Enter 키를 누릅니다. 이동 막대를 아래로 드래그합니다.

**02** 검색 결과에서 '소래포구' 지명을 찾아 클릭합니다. 선택한 위치를 중심으로 화면에 표시되는 지도의 모습도 변경됩니다. 오른쪽 지도 화면에서 [스카이뷰]를 클릭합니다.

**03** 지도에 표시된 모습이 현실감 있게 표시됩니다. 다시 단순한 모습으로 표시되도록 [지도]를 클릭합니다.

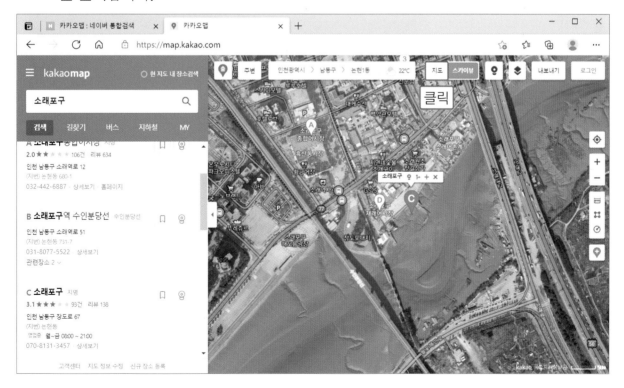

[스카이뷰]로 마우스 포인터를 이동하면 다음과 같이 촬영 시점별로 확인할 수 있습니다.

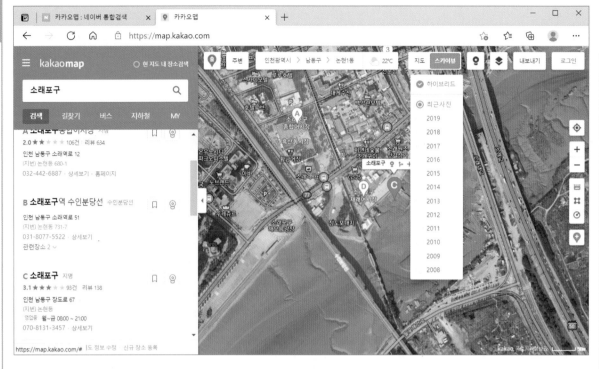

지도 서비스에서 제공되는 화면은 정보가 업데이트되면 언제든지 변경될 수 있습니다.

▲ 2008년 모습

## 월드컵 경기장에서 올림픽 공원으로 가는 길 찾기

**01** [길찾기]를 클릭합니다. 출발지로 '월드컵경기장'을 입력한 후 Enter 키를 누릅니다.

**02** 도착지로 '올림픽공원'을 입력한 후 Enter 키를 누릅니다.

**03** 🚗 를 클릭합니다.

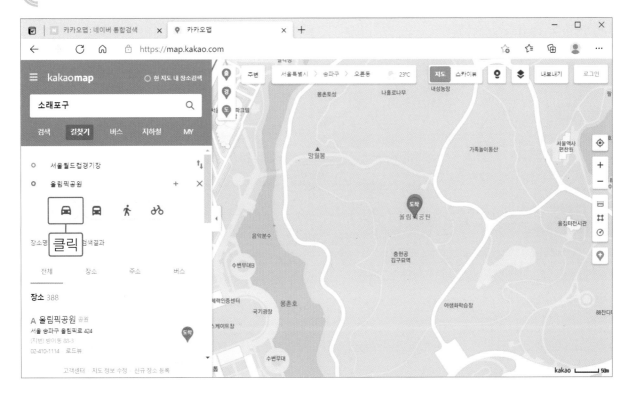

**04** 자동차를 이용하는 경로가 나타납니다. 검색 시점에서의 도로 상황(서행, 정체, 지체)을 알 수 있습니다. 🚌 를 클릭합니다.

**05** 대중교통을 이용하는 경로가 나타납니다. 예상 소요 시간과 요금, 환승 횟수, 환승 위치 등을 확인할 수 있습니다. 🚶 를 클릭합니다.

**06** 도보를 이용하는 경로가 나타납니다. ⚲ 를 클릭합니다.

**07** 자전거를 이용하는 경로가 나타납니다.

**01** 왼쪽 창에서 [지하철]을 클릭하고, 출발역으로 '서울역'을 입력한 후 Enter 키를 누릅니다. 도착역으로 '경복궁역'을 입력한 후 Enter 키를 누릅니다.

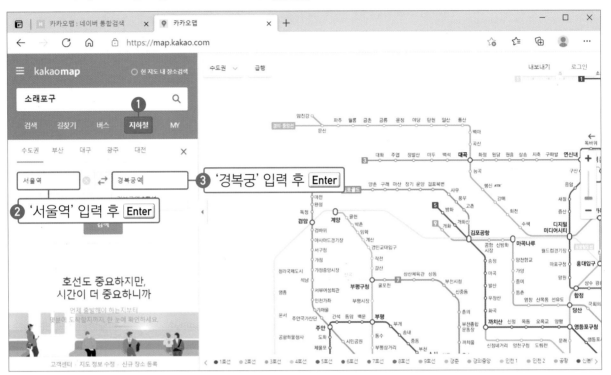

**02** 총 소요 시간, 환승 횟수와 위치, 요금 등을 확인할 수 있습니다.

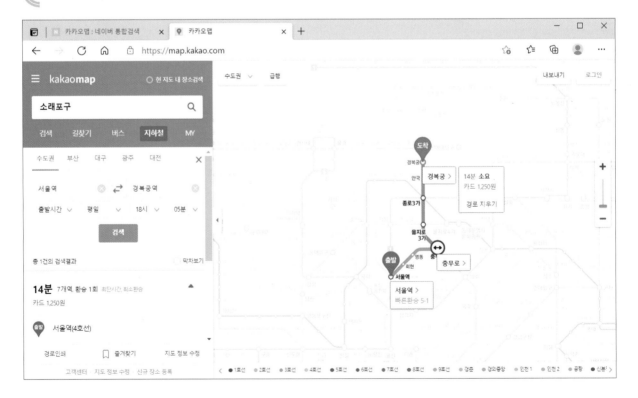

**1** 제주특별자치도의 서귀포시 정방동 주변의 약국을 찾아봅니다.

> **힌트**
> ① 지역 위치를 지정합니다.
> ② [주변]을 클릭한 후, [병원약국]-[약국]을 선택합니다.

**2** '서울역사박물관'을 찾아 주변의 주차장을 표시해 봅니다.

> **힌트**
> ① [검색]을 클릭하고, 검색창에 '서울역사박물관'을 입력한 후 Enter 키를 누릅니다.
> ② [주변]을 클릭한 후, [주차장]을 선택합니다.

**3** 자전거를 이용하여 '이촌한강공원'에서 '여의도한강공원'으로 가는 길을 살펴봅니다.

① 왼쪽창에서 [길찾기]를 클릭합니다.

② 출발지를 '이촌한강공원'으로 입력합니다.

③ 도착지를 '여의도한강공원'으로 입력합니다.

④ (⚲)를 클릭합니다.

**4** 경기도 김포시의 1004번 직행 버스의 노선도를 확인해 봅니다.

① 왼쪽창에서 [버스]를 클릭합니다.

② 버스번호 입력창에 '1004'를 입력한 후 `Enter` 키를 누릅니다.

③ 검색 결과에서 '경기 김포시'에서 운행하는 '직행' 버스를 찾아 클릭합니다.

PART **03**

# 한글 NEO

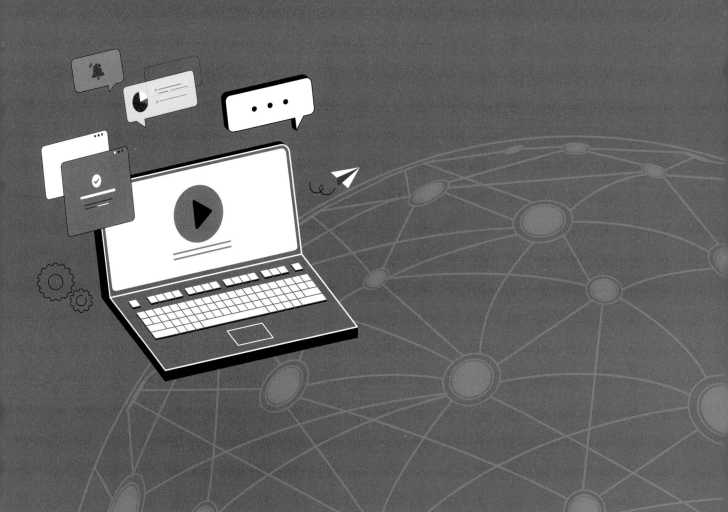

# 시작 전에 살펴보기

한글 NEO의 학습을 하기 위해서는 준비 파일이 필요합니다.

※ 제공하는 한글 문서 파일이나 그림 파일 대신 직접 입력하거나 임의의 그림으로 대체하여 학습하셔도 됩니다.

## 소스 파일 다운받기

**1** 인터넷을 실행한 후 주소 표시줄에 'www.edusd.co.kr'을 입력한 후 Enter 키를 누릅니다.

**2** 시대인(시대고시기획) 홈페이지에 접속되면 오른쪽 상단의 [회원 가입]을 클릭합니다.

    – 이미 '시대' 회원으로 가입되어 있다면 따라하기 **4** 과정으로 넘어 갑니다.

    – 카카오나 네이버에 회원 가입이 되어 있다면 따라하기 **4** 과정으로 넘어 갑니다.

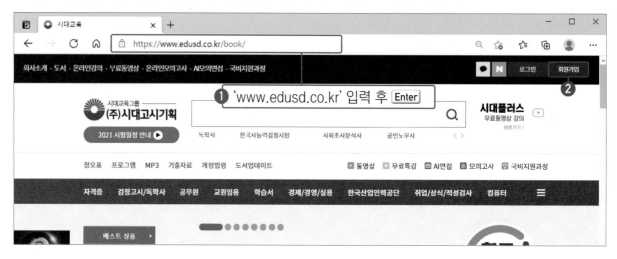

**3** [회원 가입] 화면이 나타나면 해당 사이트에서 요구하는 필수 사항과 선택 사항을 기입/설정한 후 [가입하기] 버튼을 클릭합니다.

**4** [로그인]을 클릭합니다. 아이디와 비밀번호를 입력한 후 [로그인] 버튼을 클릭합니다.

– 카카오에 회원 가입이 되어 있다면 [카카오 로그인]을 클릭하여 카카오의 아이디와 비밀 번호를 입력합니다.

– 네이버에 회원 가입이 되어 있다면 [네이버 로그인]을 클릭하여 네이버의 아이디와 비밀 번호를 입력합니다.

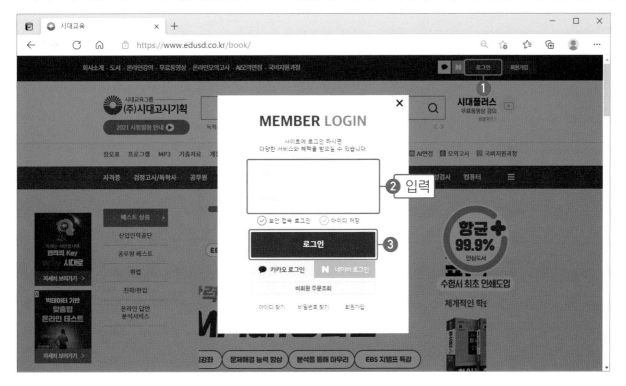

**5** 로그인이 되면 상단의 [프로그램]을 클릭합니다.

**6** [프로그램 자료실] 화면이 나타나면 검색창에 '정보화 기초'라고 입력한 후 Enter 키를 누릅니다.

**7** 검색된 결과 목록에서 해당 도서의 자료를 찾아 해당 도서의 [다운로드] 버튼을 클릭합니다.

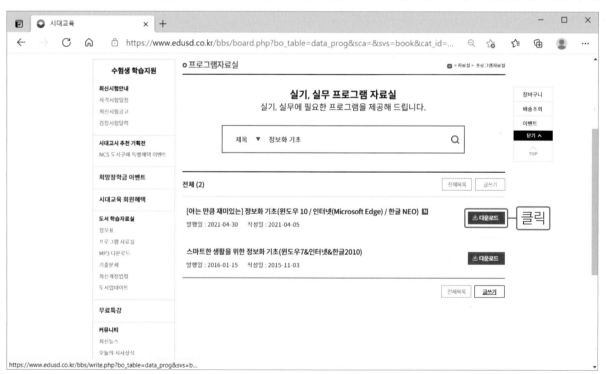

**8** 자료 다운로드 창이 나타나면 [전체 다운로드] 버튼을 클릭합니다. 필요한 항목만 체크한 후 [선택 다운로드] 버튼을 클릭할 수도 있습니다. 다음과 같은 창이 나타나면 [전송 시작] 버튼을 클릭한 후, 전송이 모두 완료되면 [닫기] 버튼을 클릭합니다.

**9** 파일 탐색기(🖿)나 내 PC(💻)를 실행하여 [다운로드] 폴더를 열면 다운로드된 파일을 확인할 수 있습니다.

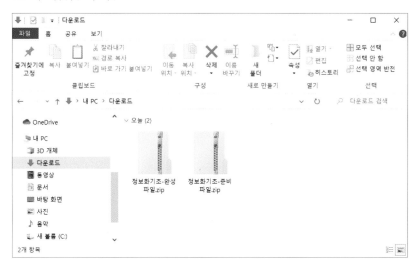

**10** 시대인(시대고시기획) 홈페이지에서 [로그아웃]을 클릭합니다.

**압축 파일 해제하기**

**1** 압축 파일 중 압축을 해제할 파일을 선택합니다. 상단에 [압축 풀기] 상태 탭이 나타납니다. [압축 폴더 도구] 탭을 클릭합니다.

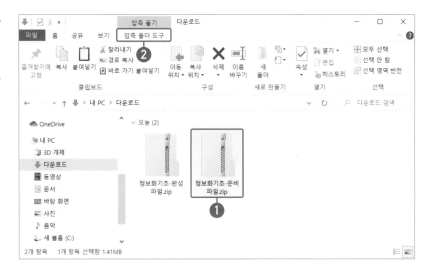

**2** [압축 폴더 도구] 탭의 [압축 풀기]를 클릭합니다.

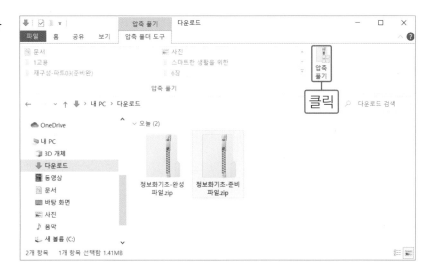

**3** [압축(Zip) 폴더 풀기] 대화상자가 나타나면 저장할 위치를 지정하기 위해 [찾아보기] 버튼을 클릭합니다.

4 [대상을 선택하십시오] 대화
상자가 나타나면 압축을 풀
위치를 찾아 지정한 후 [폴더
선택] 버튼을 클릭합니다.

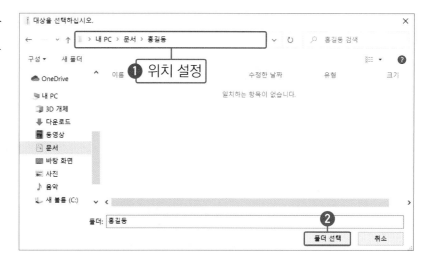

5 [압축을 풀어서 다음 폴더에
저장]에 설정된 위치가 변
경된 것을 확인할 수 있습니
다. [압축 풀기] 버튼을 클릭
합니다.

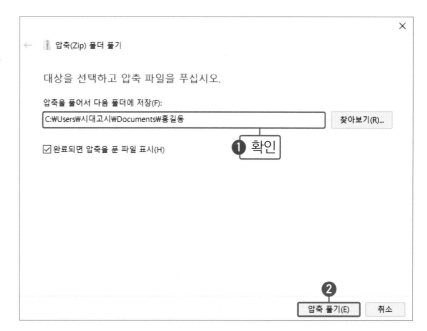

6 지정된 폴더에 파일이 풀린
것을 확인할 수 있습니다.

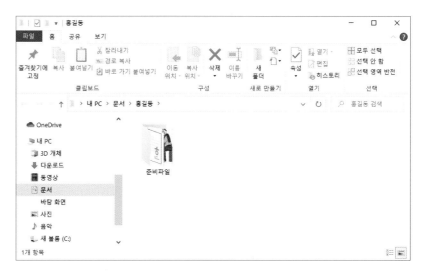

# 한글과 친해지기

학습 포인트

- 한글의 실행과 종료
- 한글의 화면 구성
- 환경 설정
- 도구 상자

- 문서마당
- 저장하기
- 불러오기
- 편집 용지 설정 및 인쇄

한글은 문서를 작성할 때 사용하는 앱(프로그램)으로, 별도의 설치가 필요합니다. 이번 장에서는 한글의 기본 화면 구성과 환경 설정 방법에 대해 알아보겠습니다. 더불어 문서 마당을 활용하여 간단하게 문서를 만드는 방법과 저장하고 불러오는 방법 및 인쇄하는 방법까지 살펴보도록 하겠습니다.

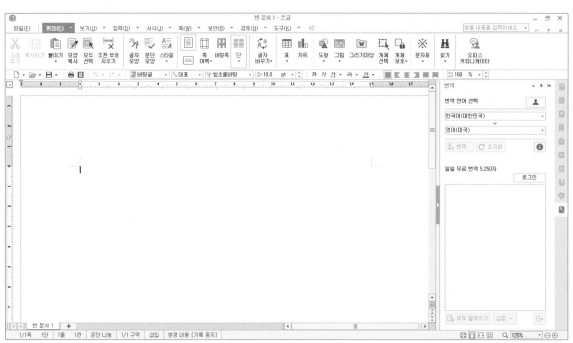

◉ 완성파일 : 가족 일정표.hwp

## Step 01   한글 NEO 화면 구성 살펴보기

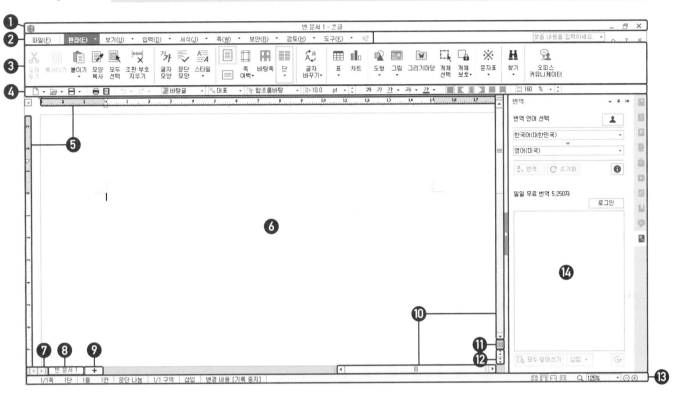

1. **제목 표시줄** : 문서(파일) 및 앱(프로그램)의 이름을 표시합니다. 오른쪽에는 최소화, 최대화, 닫기 버튼이 있습니다.

2. **메뉴 표시줄** : 비슷한 기능별로 묶어 제공합니다.

3. **기본 도구 상자** : 각 메뉴에서 자주 사용하는 기능을 그룹별로 묶어서 제공합니다. '열림 상자'라고도 합니다.

4. **서식 도구 상자** : 문서 편집 시 자주 사용하는 기능을 모아 아이콘으로 묶어서 제공합니다.

---

**잠깐**

창의 크기에 따라 메뉴와 기본 도구 상자, 서식 도구 상자 일부가 숨겨질 수 있습니다.

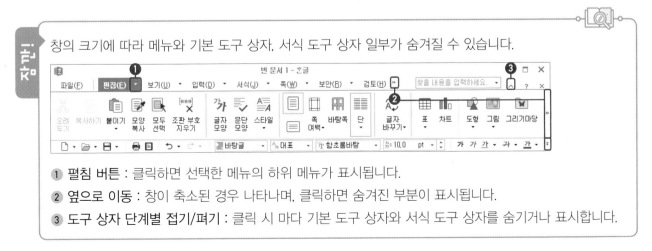

1. **펼침 버튼** : 클릭하면 선택한 메뉴의 하위 메뉴가 표시됩니다.
2. **옆으로 이동** : 창이 축소된 경우 나타나며, 클릭하면 숨겨진 부분이 표시됩니다.
3. **도구 상자 단계별 접기/펴기** : 클릭 시 마다 기본 도구 상자와 서식 도구 상자를 숨기거나 표시합니다.

⑤ **가로/세로 눈금자** : 개체의 가로/세로 위치나 너비/높이를 파악하기 위해 사용합니다.

⑥ **편집 창** : 글자나 그림과 같은 내용을 넣고 꾸미는 작업 공간입니다.

⑦ **탭 이동** : 여러 개의 문서 탭이 열려 있을 때 이전 또는 다음 탭으로 이동합니다.

⑧ **문서 탭** : 작성 중인 문서와 파일명을 표시합니다.

⑨ **새 탭** : 문서에 새 탭을 추가합니다.

⑩ **가로/세로 이동 막대** : 문서 내용이 편집 화면보다 클 때 화면을 가로 또는 세로로 이동하기 위해 사용합니다.

⑪ **보기 선택 아이콘** : 쪽 윤곽, 문단 부호, 조판 부호 등 보기 관련 기능을 선택할 수 있습니다.

⑫ **쪽 이동** : 작성 중인 문서가 여러 장일 때 쪽 단위로 이동하기 위해 사용합니다.

⑬ **상황 선** : 편집 창의 상태 및 커서가 있는 곳에 대한 정보 등을 보여 줍니다.

⑭ **작업 창** : 문서 편집 시간을 줄이고 작업 속도를 높이는 등 효율적인 문서 작업을 수행할 수 있습니다.

---

## Step 02 　메뉴 살펴보기

메뉴 표시줄은 [파일] 메뉴와 메뉴 탭, 개체 탭, 상황 탭으로 구성됩니다.

- **[파일] 메뉴** : 별도의 열림 상자를 제공하지 않으며, 클릭하면 바로 하위 메뉴가 표시됩니다.

예

- **메뉴 탭** : [편집], [보기], [입력], [서식], [쪽], [보안], [검토], [도구]로 구성되며, 탭 형식으로 제공됩니다. 클릭하면 해당 메뉴의 열림 상자가 나타납니다.

예

- **개체 탭** : 도형, 그림, 표, 차트, 글맵시, 메모, 양식 개체 등의 개체를 삽입하거나 선택하는 경우 해당 개체에 대한 개체 탭과 열림 상자가 나타납니다.

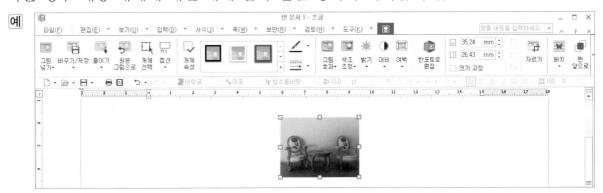

- **상황 탭** : 미리 보기, 버전 비교, 주석, 머리말/꼬리말, 바탕쪽 등을 선택한 경우 상황 탭과 열림 상자가 나타납니다.

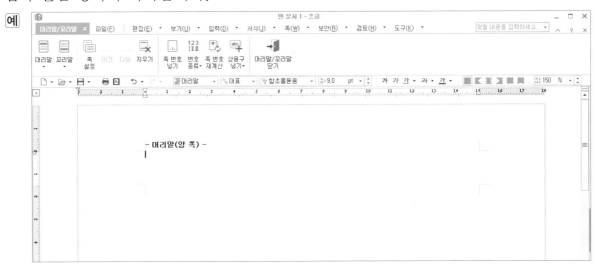

## Step 03  [미리 보기] 탭 살펴보기

[파일] 메뉴 또는 서식 도구 상자에서 [미리 보기(目)]를 클릭하면 [미리 보기] 탭이 나타납니다.

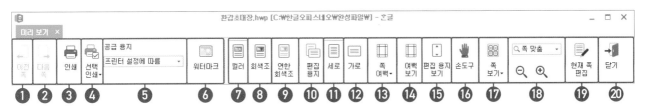

① **이전 쪽** : 이전 쪽으로 이동합니다.

② **다음 쪽** : 다음 쪽으로 이동합니다.

③ **인쇄** : [인쇄] 대화상자에서 여러 가지 선택 사항을 지정하여 프린터로 인쇄합니다.

④ **선택 인쇄** : 인쇄할 때 필요한 각종 선택 사항을 지정하여 사용자의 필요에 맞게 문서를 인쇄합니다.

⑤ **공급 용지** : 실제 인쇄를 위하여 프린터에 공급할 종이의 종류를 지정합니다.

⑥ **워터마크** : 인쇄할 때에만 문서에 적용되어 나타나도록 그림 워터마크 및 글자 워터마크를 설정합니다.

⑦ **컬러** : 미리 보기 화면과 인쇄물을 원본 색상 그대로 인쇄합니다.

⑧ **회색조** : 미리 보기 화면과 인쇄물을 회색조로 인쇄합니다.

⑨ **연한 회색조** : 미리 보기 화면과 인쇄물을 연한 회색조로 인쇄합니다.

⑩ **편집 용지** : [편집 용지] 대화상자를 불러와 편집 용지의 크기와 방향, 여백 등을 설정합니다.

⑪ **세로** : 편집 용지 방향을 세로로 설정합니다.

⑫ **가로** : 편집 용지 방향을 가로로 설정합니다.

⑬ **쪽 여백** : 편집 용지의 쪽 여백 크기를 설정합니다.

⑭ **여백 보기** : [편집 용지] 대화상자에서 지정한 용지 여백을 빨간색 점선으로 표시됩니다.

⑮ **편집 용지 보기** : [편집 용지] 대화상자에서 지정한 용지 종류의 크기를 초록색 선으로 표시합니다.

⑯ **손 도구** : 확대 비율을 높이다 보면 화면이 커져서 내용이 보이지 않을 때가 있습니다. 이때 [손 도구]를 선택하면 현재 창에서 보이지 않는 영역으로 쉽게 화면을 이동할 수 있습니다.

⑰ **쪽 보기** : 쪽 맞춤, 맞쪽, 여러 쪽 중 원하는 쪽 보기 방식을 설정합니다.

⑱ **화면 확대 및 축소** : 여러 쪽, 맞쪽, 쪽 맞춤, 폭 맞춤, 100%, 125%, 150%, 200%, 300%, 500% 중에서 선택할 수 있으며, 축소나 확대 돋보기를 선택하여 화면을 축소하거나 확대할 수도 있습니다.

⑲ **현재 쪽 편집** : 미리 보기 상태에서 파란색 테두리로 표시되어 있던 현재 선택된 쪽의 첫 줄로 돌아갑니다.

⑳ **닫기** : 미리 보기를 끝내고 본문 편집 상태로 되돌아갑니다.

• • • •
**Step 01**    한글 NEO 시작하기

**01**  [시작(⊞)]-[한글]을 선택합니다.

**02**  '한글 NEO' 앱이 실행됩니다.

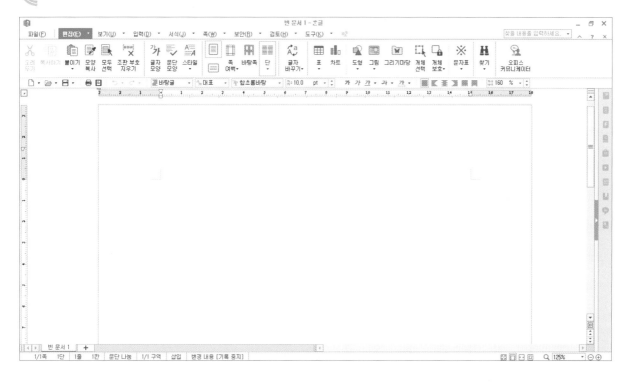

## 작업 창 접기/펴기

작업 창 접기/펴기를 클릭하면 보여지는 작업 창의 모습이 달라집니다.

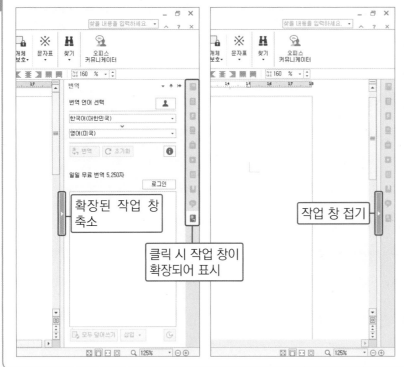

확장된 작업 창 축소

클릭 시 작업 창이 확장되어 표시

작업 창 접기

작업 창 펴기

## Step 02 환경 설정하기

**01** [도구] 탭-[환경 설정]을 클릭합니다.

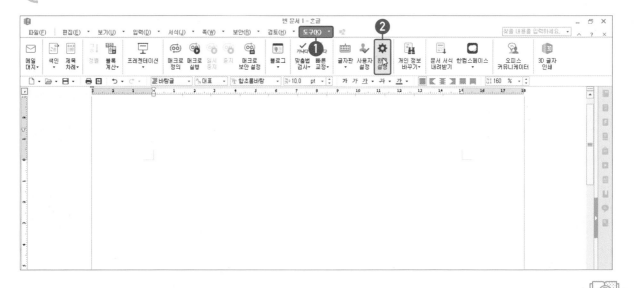

### 명령 실행의 다양한 방법

[도구] 탭의 ▾를 클릭한 후 [환경 설정]을 선택할 수도 있습니다.

**02** [환경 설정] 대화상자가 나타나면 [파일] 탭을 클릭한 후, [무조건 자동 저장]과 [쉴 때 자동 저장]의 시간을 지정하고 [설정] 버튼을 클릭합니다.

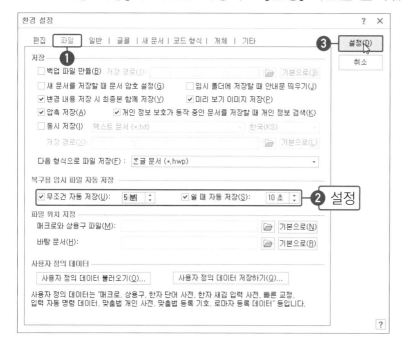

**자동 저장 시간을 설정하는 이유**

문서를 작성하다가 갑자기 종료될 경우 다시 한글을 실행하면 임시 저장된 문서를 불러와서 작업할 수 있으므로, 자동 저장을 설정해 두어야 합니다. 설정에 따라 자동 저장 주기가 다르기 때문에 지정된 시간 이전에 종료가 되었다면 저장하지 못하는 분량이 있을 수도 있습니다.

---

## 03 | 실력 다듬기    가족 일정표 만들기

### Step 01   문서마당으로 일정표 만들기

**01** 서식 도구 상자에서 [새 문서(□ ▼)]의 ▼를 클릭하여 [문서마당]을 선택합니다.

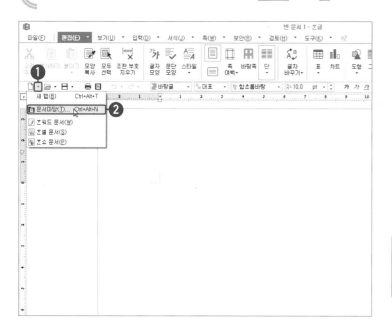

한글 NEO의 상위 버전에서 진행할 시 문서마당은 메뉴 표시줄의 [파일] 탭에서 확인할 수 있습니다.

**02** [문서마당] 대화상자가 나타나면 [문서마당 꾸러미] 탭을 클릭하고 [가정 문서]의 '가족 일정표'를 선택한 후, [미리 보기]에서 불러올 파일을 확인하고 [열기] 버튼을 클릭합니다.

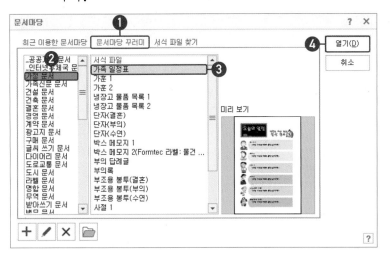

**03** 가족 일정표 서식 파일이 열리면 빨간색의 누름틀을 클릭하여 '공원 산책'이라 입력합니다.

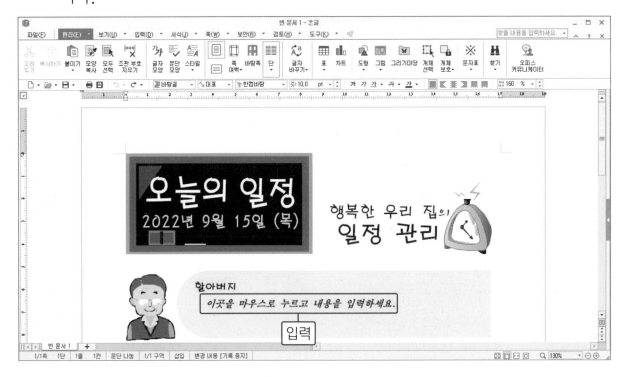

**04** 세로 이동 막대를 아래로 드래그하여 화면을 이동한 후 할머니, 아버지, 어머니와 동생의 오늘 일정을 입력합니다.

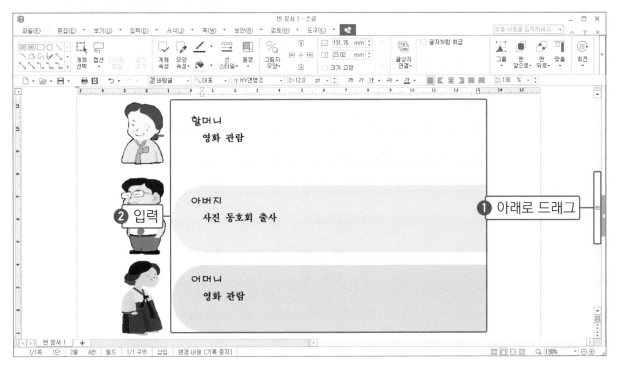

Step 02

## 저장하고 한글 NEO 종료하기

**01** 문서를 저장하기 위해 서식 도구 상자에서 [저장하기(💾▾)]의 아이콘 부분(💾)을 클릭합니다.

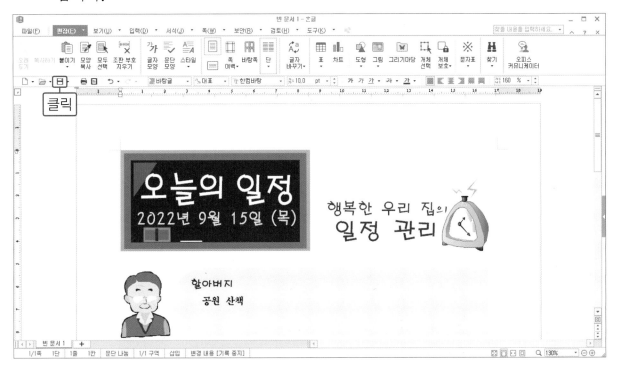

**02** [다른 이름으로 저장하기] 대화상자가 나타나면 **저장할 폴더를 지정**한 후 [파일 이름]
의 입력란에 '가족 일정표'라고 입력하고 [저장] 버튼을 클릭합니다.

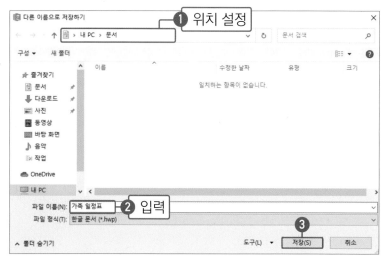

[저장하기]의 바로 가기 키는 Alt + S 입니다. 작업 시 수시로 저장합니다.

**03** 저장이 완료되면 화면 상단의 제목 표시줄에 '가족 일정표.hwp'와 저장 경로가 표시됩
니다. ✕(닫기) 버튼을 클릭합니다.

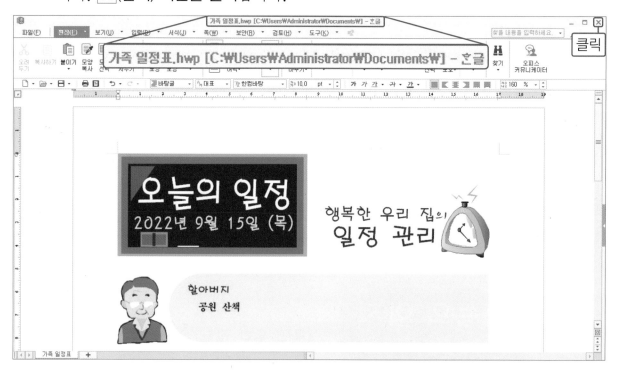

**01** 한글을 실행한 후, 문서를 불러오기 위해 서식 도구 상자에서 [불러오기(📂·)]의 아이콘 부분(📂)을 클릭합니다.

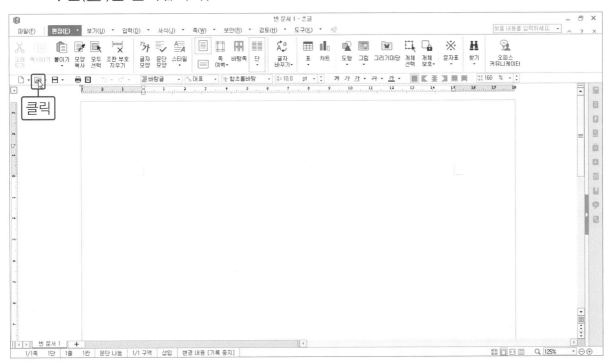

**02** [불러오기] 대화상자가 나타나면 문서가 저장된 폴더를 연 다음 '가족 일정표.hwp'를 선택한 후 [열기] 버튼을 클릭합니다.

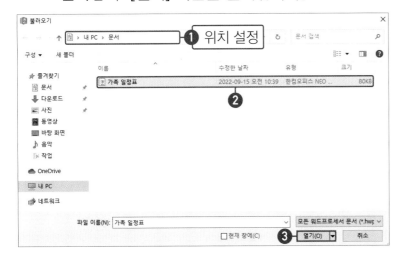

**03** 문서가 열리면 할아버지 일정 중 '공원 산책'의 '공'자 앞을 클릭하여 커서를 이동합니다. Shift + End 키를 눌러 블록 설정한 후 Delete 키를 눌러 삭제하고, 다른 일정을 입력합니다. 나머지 가족 구성원의 일정도 모두 지우고 새롭게 입력합니다. 다른 이름으로 문서를 저장하기 위해 서식 도구 상자에서 [저장하기(🖬▾)]의 ▾를 클릭한 후 [다른 이름으로 저장하기]를 선택합니다.

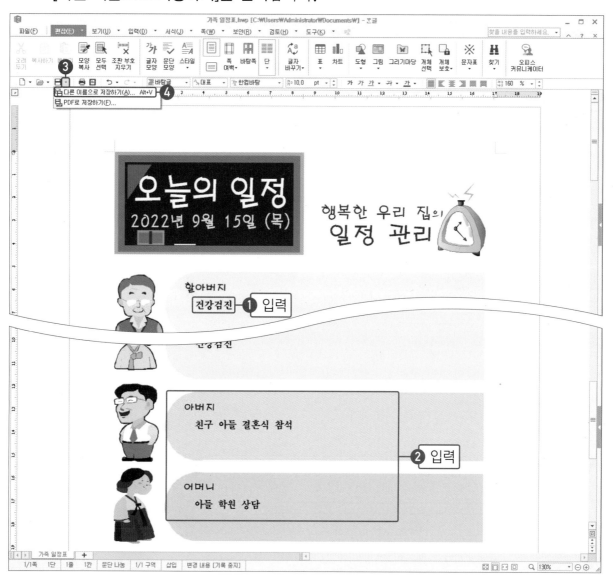

일정뿐만 아니라 구성원의 명칭도 변경할 수 있습니다.
'가족 일정표'에서 자신에게 해당되는 구성원의 명칭을 클릭해 삭제하고 어울리는 이름으로 변경해 봅니다.

**04** [다른 이름으로 저장하기] 대화상자가 나타나면 저장할 폴더를 지정한 후 파일 이름을 '새로운 가족 일정표'라고 입력하고 [저장] 버튼을 클릭합니다.

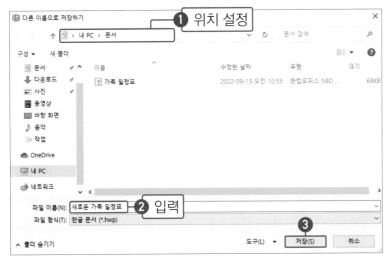

**05** 저장이 완료되면 상단의 제목 표시줄의 내용이 변경된 것을 확인할 수 있습니다.

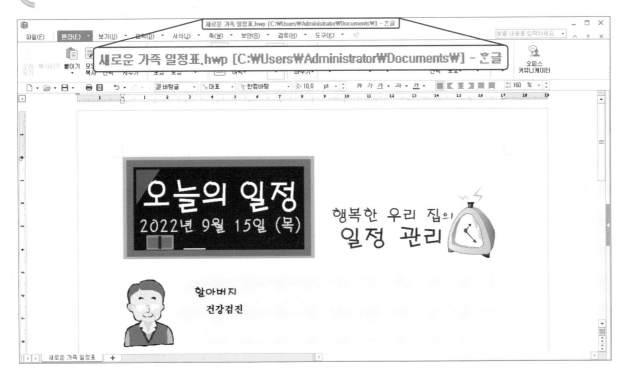

**01** 편집 용지를 설정하기 위해 [쪽] 탭–[편집 용지(🖫)]를 클릭합니다.

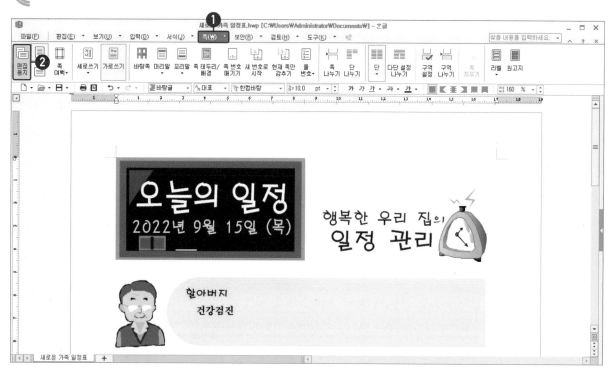

**02** 서식 파일을 활용했기 때문에 편집 용지의 종류와 방향, 여백까지 디자인에 제일 잘 맞게 설정되어 있지만, 여기서는 [용지 여백]의 [위쪽]과 [아래쪽]을 모두 '18.0mm'로 수정하고 [설정] 버튼을 클릭합니다.

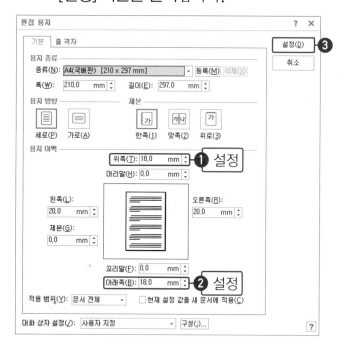

**01** 문서를 미리 보기 위해 서식 도구 상자에서 [미리 보기(目)]를 클릭합니다.

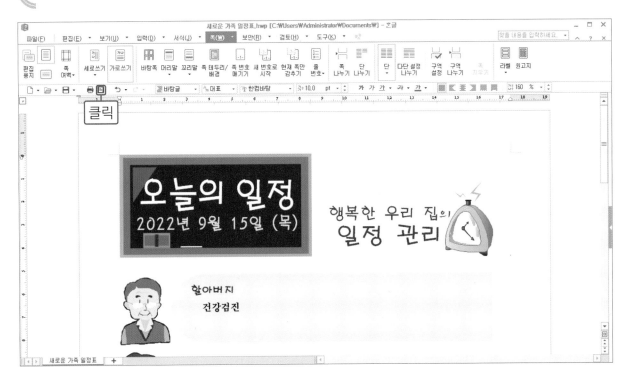

**02** 인쇄될 내용이 화면에 미리 보여집니다. 수정할 사항이 있는지 확인한 후 [닫기]를 클릭하거나 Esc 키를 누릅니다.

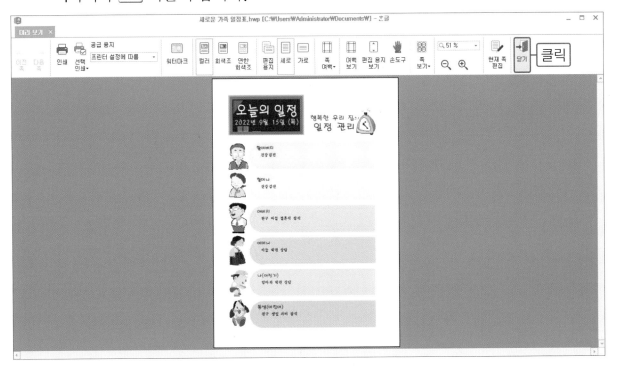

**01** 문서를 인쇄하기 위해 서식 도구 상자에서 [인쇄(🖶)]를 클릭합니다.

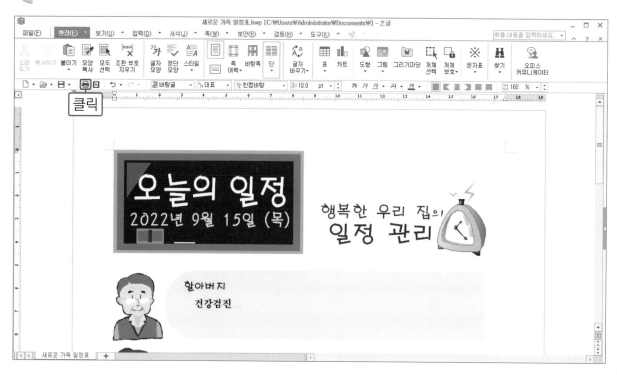

**02** [인쇄] 대화상자가 나타나면 [기본] 탭의 [프린터 선택]에서 컴퓨터와 연결된 프린터가 선택되어 있는지 확인합니다. [인쇄 범위]는 '문서 전체'를 설정한 후, 필요한 만큼 [인쇄 매수]의 [매수]를 설정하고 [인쇄] 버튼을 클릭합니다.

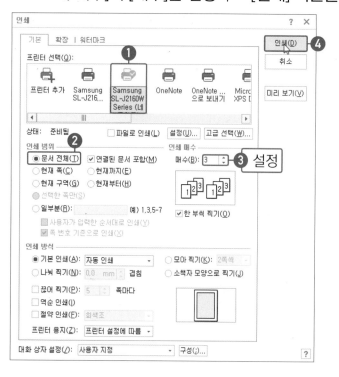

**1** 문서마당에서 '냉장고 물품 목록 2'를 불러와서 목록을 완성해 봅니다.

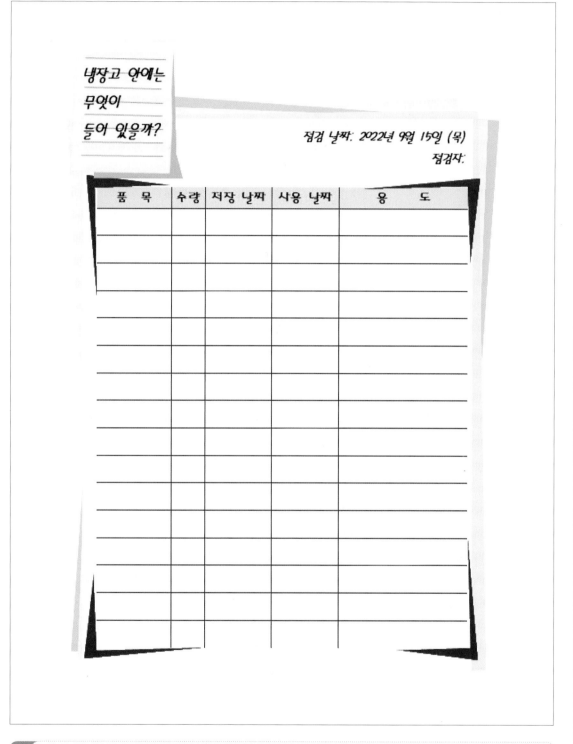

냉장고 안에는
무엇이
들어 있을까?

점검 날짜: 2022년 9월 15일 (목)

점검자:

| 품 목 | 수량 | 저장 날짜 | 사용 날짜 | 용 도 |
|---|---|---|---|---|
| | | | | |
| | | | | |
| | | | | |
| | | | | |
| | | | | |
| | | | | |
| | | | | |
| | | | | |
| | | | | |
| | | | | |
| | | | | |
| | | | | |
| | | | | |
| | | | | |

**힌트** 문서마당의 [문서마당 꾸러미] – [가정 문서]에서 찾은 후 불러옵니다.

**2** 문제 [1]의 파일을 '냉장고 물품 목록.hwp'으로 저장해 봅니다.

**3** 문서마당에서 '인터넷 우체국 문서(그리운 동창들에게)'를 불러와서 편집 용지의 위쪽과 아래쪽의 용지 여백을 '20.0mm'로 변경한 후 친구에게 편지를 적어 봅니다.

# 그리운 동창들에게

어느덧 다사다난 했던 한해가 저물어 갑니다.
세월이 흐를수록 우리의 우정은
곰삭은 젓갈처럼 구수해 지고 있습니다.
언제 만나도 학창시절의 추억에 머물러 있는
우리의 변함없는 그 얼굴들을 한해가 가기 전에
다시 한 번 모아보고 싶습니다.
공사다망하겠지만 우정이 어리는 자리에 꼭 참석하시어
즐거운 시간이 되게 하여 주시면 감사하겠습니다.

- 아  래-

■ 일시 : ○○○○년 ○○월 ○○일(음 ○월 ○일) ○요일
　　　　오후 ○~○시까지
■ 장소 : ○○ 뷔페(전화 : ○○○-○○○○)
■ 비용 : 30,000원

약  도

 문서마당의 [문서마당 꾸러미] – [인터넷 우체국 문서]에서 찾은 후 불러옵니다.

**4** 문제 [3]의 파일을 '그리운 친구.hwp'로 저장해 봅니다.

# 소개장 만들기

**학습 포인트**

- 입력할 글자 모양 설정
- 문자표 입력
- 한자로 바꾸기
- 영어 입력(한/영 변환)
- 대소문자 변경
- 음영 색 설정
- 밑줄 설정
- 강조점 설정

글자 모양의 글꼴이나 글자 크기에 따라 문서의 내용을 전달할 때 가독성이 달라집니다.

강조하고 싶은 부분을 음영 색으로 표현하거나 강조점, 밑줄로도 표현할 수도 있습니다.

이번 장에서는 문서를 좀 더 멋지게 만드는 방법에 대해서 알아보겠습니다.

 미리보기

### 나를 소개 합니다

① **이름** : 정동임
② **혈액형** : O형
③ **성 격** : 자유로운 영혼
④ **좌우명** : A sound mind in a sound body.
⑤ **소개하는 글**
어린 시절은 변두리 작은 동네에서 꿈 많은 소녀로 자라났습니다. 할머니, 할아버지, 삼촌들까지 대가족 속에서 막내로 귀여움을 받으면서 살았습니다. 가족들은 저에게 微笑天使라고 부르곤 했습니다. 가족들의 사랑 덕분에 잘 자라날 수 있었습니다.
현재 저는 사랑하는 아이들과 남편과 함께 행복(幸福)한 삶을 살아가고 있습니다. 앞으로의 꿈은 아이들이 결혼하고 나면 남편과 시골에서 조그마한 텃밭을 가꾸면서 살아가는 것입니다. 그 꿈을 실현할 수 있기를 바랍니다.

◉ 완성파일 : 자기소개서.hwp

**Step 01**  **블록 지정 방법 살펴보기**

본문 중의 내용 일부를 복사하거나 지울 때 또는 글자 모양이나 문단 모양을 바꾸고자 하는 등 편집 기능이 적용될 범위를 미리 지정하는 것을 '블록'이라고 합니다.

① 드래그 : 블록을 시작할 부분에 마우스 포인터를 위치시킨 후 마우스 왼쪽 버튼을 클릭한 채 블록으로 지정할 부분까지 드래그합니다.

---

전통혼례복

① 활옷 : 원래는 궁중에서 의식이 있을 때에 왕비가 입던 대례복이었으나. 후에는 서민의 혼
례복으로도 사용되 ┌드래그┐ 은 홍색비단에 정색으로 안을 받쳐서 만들었는데 이는 정색(여성)
과 홍색(남성)의 화합을 의미하는 것이다.

▽

전통혼례복

① 활옷 : 원래는 궁중에서 의식이 있을 때에 왕비가 입던 대례복이었으나. 후에는 서민의 혼
례복으로도 사용되었다. 활옷은 홍색비단에 정색으로 안을 받쳐서 만들었는데 이는 정색(여성)
과 홍색(남성)의 화합을 의미하는 것이다.

---

② 더블 클릭 : 블록으로 지정할 낱말을 더블 클릭하여 블록으로 지정합니다.

---

전통혼례복   ┌더블 클릭┐

① 활옷 : 원래는 궁중에서 의식이 있을 때에 왕비가 입던 대례복이었으나. 후에는 서민의 혼
례복으로도 사용되었다. 활옷은 홍색비단에 정색으로 안을 받쳐서 만들었는데 이는 정색(여성)
과 홍색(남성)의 화합을 의미하는 것이다.

---

③ F3 키 : 블록을 시작할 부분을 클릭하여 커서를 놓고, F3 키를 누른 후 블록으로 지정할 부분까지 방향키를 누릅니다.

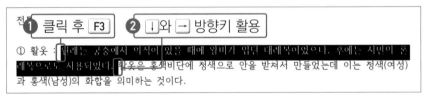

---

④ 문서 전체 블록 지정 : Ctrl 키를 누른 채 A 키를 눌러 문서 전체를 블록으로 지정합니다.

⑤ 블록 해제 : 블록을 해제하려면 Esc 키를 누릅니다.

[편집] 탭-[글자 모양(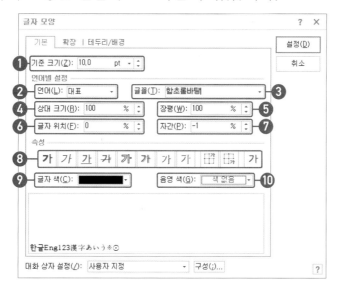가)]을 클릭하면 [글자 모양] 대화상자가 나타납니다. 입력할 글자나 블록으로 설정한 글자의 모양을 일괄적으로 바꿀 수 있습니다.

① **기준 크기** : 글자의 크기를 조절할 수 있습니다.

② **언어** : 대표, 한글, 영문, 한자, 일어, 외국어, 기호, 사용자 중에서 선택할 수 있습니다.

③ **글꼴** : 글꼴을 지정합니다. 각각의 언어별로 다른 글꼴을 지정할 수도 있습니다.

④ **상대 크기** : 한글과 영문, 한자 등을 섞어 쓸 때 언어별로 적당한 상대 크기를 정해 놓고 사용하면 글자의 크기와 모양을 고르게 표시할 수 있습니다.

⑤ **장평** : 글자의 크기는 그대로 유지하면서 글자의 가로 폭을 줄이거나 늘려서 글자 모양에 변화를 줄 수 있습니다.

⑥ **글자 위치** : 글자의 기준선을 기준으로 글자를 위나 아래로 움직여 글자 위치를 조정할 수 있습니다.

⑦ **자간** : 글자와 글자 사이의 간격을 조정할 수 있습니다.

⑧ **글자 속성** : 가(진하게), 가(기울임), 가(밑줄), 가(취소선), 가(외곽선), 가(그림자), 가(양각), 가(음각), 갭(위첨자), 갭(아래첨자), 가(보통) 중 선택하여 글자 속성을 설정할 수 있습니다.

⑨ **글자 색** : 색상표를 누르면 나타나는 색상 팔레트에서 원하는 글자 색을 선택할 수 있습니다.

⑩ **음영 색** : 색상표를 누르면 나타나는 색상 팔레트에서 원하는 음영 색을 선택할 수 있습니다.

## Step 01 [글자 모양] 대화상자에서 설정 바꾸기

**01** 한글을 실행한 후 [쪽] 탭─[가로(▤)]를 클릭합니다.

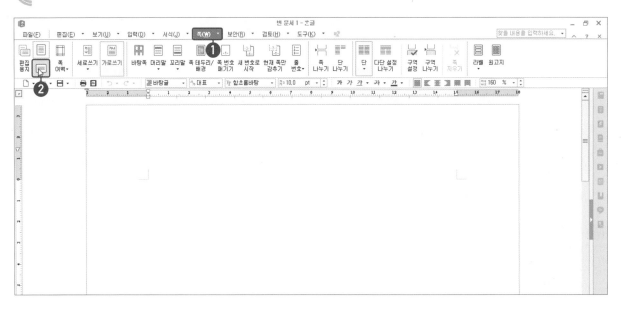

**02** [편집] 탭─[글자 모양(가)]을 클릭합니다.

**03** [글자 모양] 대화상자가 나타나면 [기준 크기]는 '15.0pt', [글꼴]은 '한컴 솔잎 M'으로 설정하고 [설정] 버튼을 클릭합니다.

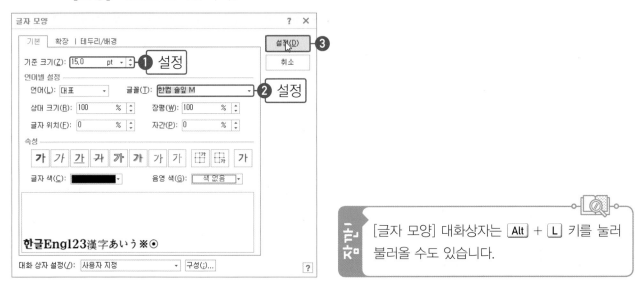

[글자 모양] 대화상자는 Alt + L 키를 눌러 불러올 수도 있습니다.

**04** 다음처럼 입력합니다. 강제로 줄을 바꾸려면 Enter 키를 누릅니다. 입력하면 [글자 모양] 대화상자에서 설정한 대로 글자 크기와 글꼴로 입력됩니다.

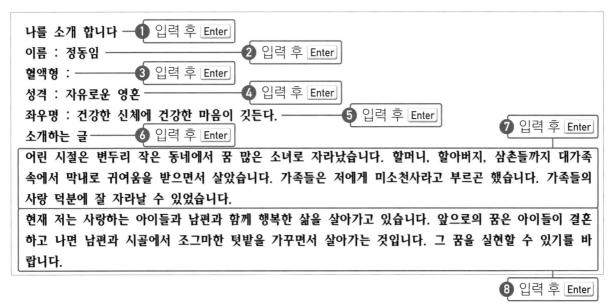

**05** 다음처럼 블록을 지정한 후 [편집] 탭–[글자 모양(가)]을 클릭합니다. [글자 모양] 대화상자가 나타나면 [자간]을 '–7'로 설정하여 자간을 좁힌 후 [설정] 버튼을 클릭합니다.

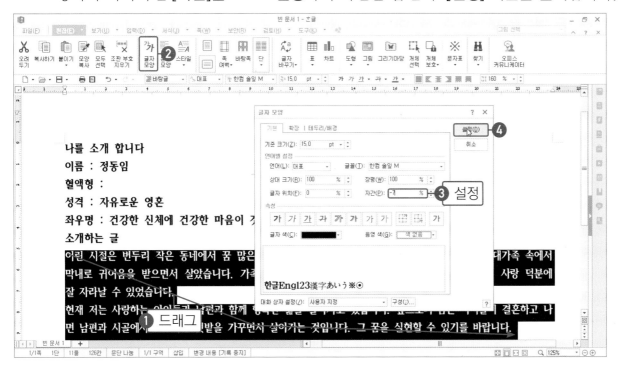

**문자표 입력하기**

**01** '이름' 앞을 클릭하여 커서를 위치시킨 후, [편집] 탭–[문자표(문자표)]에서 [문자표]를 선택합니다.

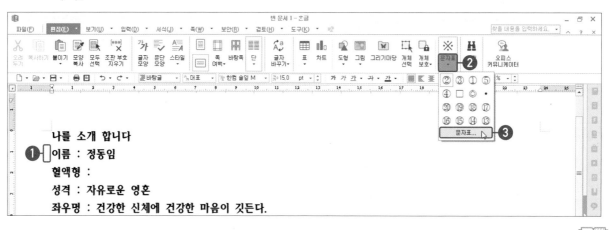

> 문자표를 이용하면 키보드에서는 입력할 수 없는 다양한 문자나 기호를 입력할 수 있습니다. [입력] 탭에도 있으며, 바로 가기 키는 Ctrl + F10 입니다.

**02** [문자표 입력] 대화상자가 나타나면 [흔글(HNC) 문자표] 탭을 클릭합니다. [문자 영역]에서 [전각 기호(원)]을 클릭한 후 [문자 선택]에서 '①'을 선택하고 [넣기] 버튼을 클릭합니다.

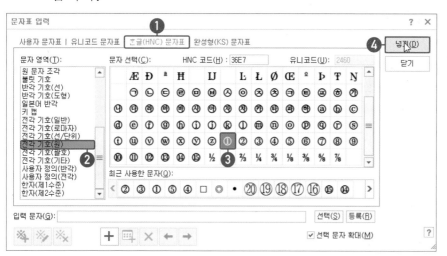

> '글자 겹치기'를 이용하면 문자표로 입력할 수 없는 원문자나 사각형 문자를 입력할 수 있습니다.
> ❶ '이름' 앞에 커서를 위치한 후 [입력] 탭–[입력 도우미(★aI)]에서 [글자 겹치기]를 선택합니다.
> ❷ [글자 겹치기] 대화상자가 나타나면 [겹쳐 쓸 글자]에 '1'이라 입력하고, [겹치기 종류]를 '모양과 겹치기'로 선택한 후 모양을 선택하고 [넣기] 버튼을 클릭합니다.

**03** 현재 커서가 위치한 곳에 원문자가 입력되었습니다.

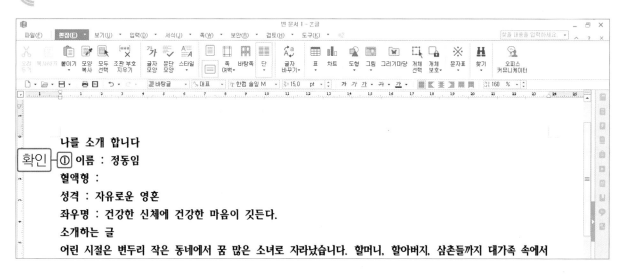

**04** 다음처럼 '혈액형', '성격', '좌우명', '소개하는 글' 앞에 커서를 두고, 같은 방법으로 '②
~⑤'까지 입력합니다.

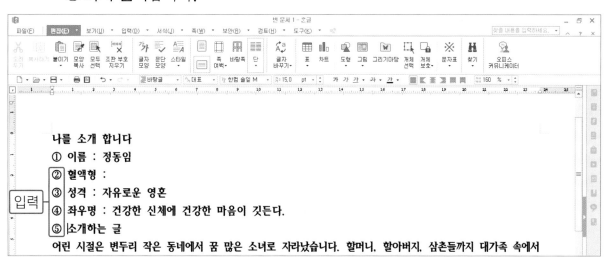

**자음 키 + [한자] 키를 이용해 특수 문자 입력하기**

한글 자음 키를 누른 후 [한자] 키를 누르면 [특수 문자로 바꾸기] 대화상자가 나타납니다. 자음 키마다 서로
다른 특수 문자를 입력할 수 있습니다. 원문자를 입력하려면 한글 자음 [ㅇ] 키를 누른 후 [한자] 키를 누릅니
다. 원하는 원문자 중 하나를 선택한 후 [바꾸기] 버튼을 클릭합니다.

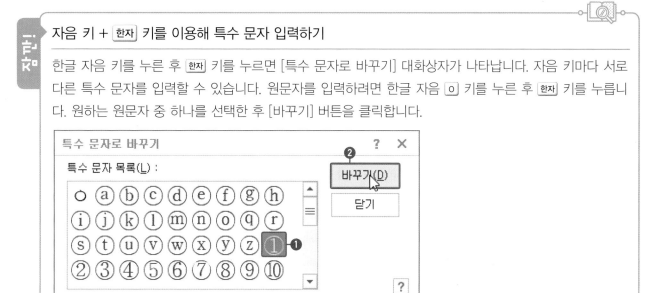

**01** 영어를 입력하기 위해 키보드에서 한/영 키를 누릅니다. '② 혈액형 : ' 뒤를 클릭하여 커서를 위치시킨 후, Shift 키와 함께 O 키를 눌러 대문자 'O'를 입력합니다. O 키만 누르면 소문자가 입력됩니다.

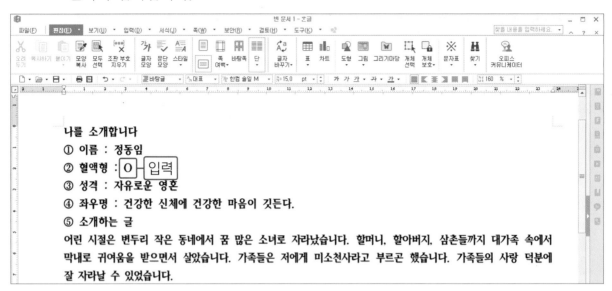

**잠깐만** Caps Lock 키를 누르면 키보드의 Caps Lock에 불이 들어옵니다. 이때 영어를 입력할 경우, 대문자 입력이 기본이 됩니다. 이때에는 Shift 키를 누른 채 영어를 입력하면 소문자가 입력됩니다. 다시 Caps Lock 키를 누르면 키보드의 Caps Lock의 불이 꺼집니다. 이때 영어를 입력할 경우 소문자 입력이 기본이 되며, Shift 키를 누른 채 영어를 입력하면 대문자가 입력됩니다.

**02** 한/영 키를 누른 후 '형'을 입력합니다.

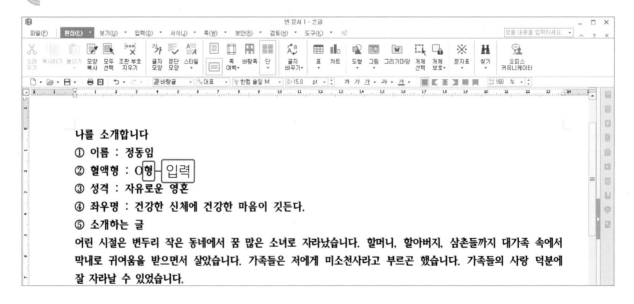

**03** '건강한 신체에 건강한 마음이 깃든다.'를 드래그하여 블록으로 지정한 후 Delete 키를 눌러 삭제합니다.

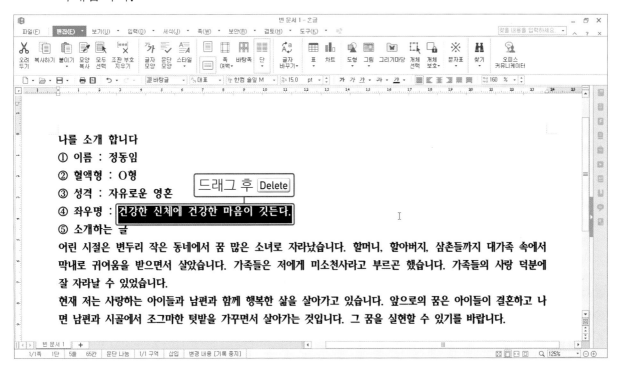

**04** 한/영 키를 누른 후 'a sound mind in a sound body'라고 입력합니다. 'a sound mind in a sound body'를 드래그하여 블록으로 지정한 후, [편집] 탭-[글자 바꾸기( )]에서 [대문자/소문자 바꾸기]를 선택합니다.

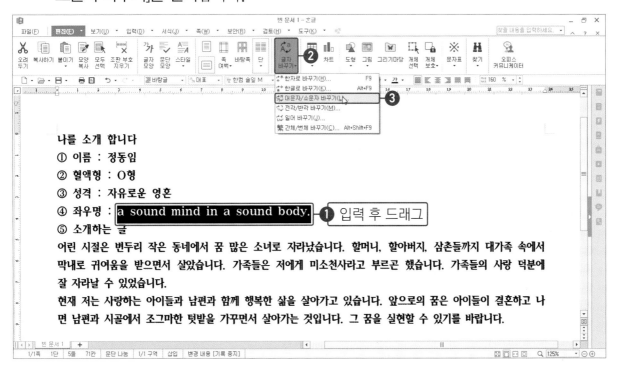

**05** [대문자/소문자 바꾸기] 대화상자가 나타나면 [문장 첫 글자를 대문자로]를 선택한 후 [바꾸기] 버튼을 클릭합니다.

**06** 문장 중에 첫 글자만 대문자로 변경되었습니다.

③ 성격 : 자유로운 영혼
④ 좌우명 : A sound mind in a sound body.
⑤ 소개하는 글

## Step 04 한자 입력하기

**01** 8번째 줄의 '미소천사'를 드래그하여 블록으로 지정한 후 [편집] 탭—[글자 바꾸기(가)]에서 [한자로 바꾸기]를 선택합니다.

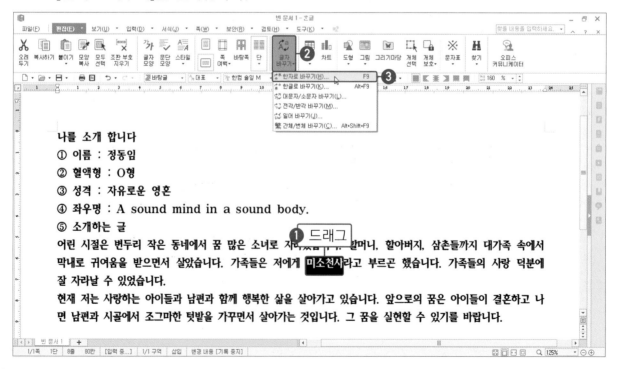

**02** [한자로 바꾸기] 대화상자가 나타나면 [한자 목록]에서 '미소'에 해당하는 한자 '微笑'를 선택한 후 [입력 형식]은 '漢字'로 설정하고 [바꾸기] 버튼을 클릭합니다. 다음 단어 '천사'에 해당하는 한자 '天使'를 선택한 후 [바꾸기] 버튼을 클릭합니다.

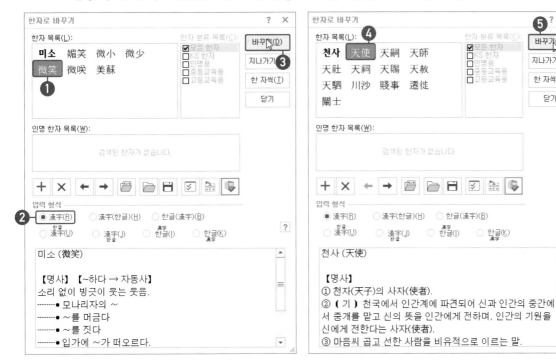

'사필귀정'처럼 한 단어같이 사용되는 사자성어의 경우에는 네 글자를 한꺼번에 한자로 바꿀 수 있습니다.

**03** 한글 '미소천사'가 한자 '微笑天使'로 바뀌었습니다. 이번에는 '행복' 뒤를 클릭하여 커서를 위치시키고 [한자] 키를 누릅니다.

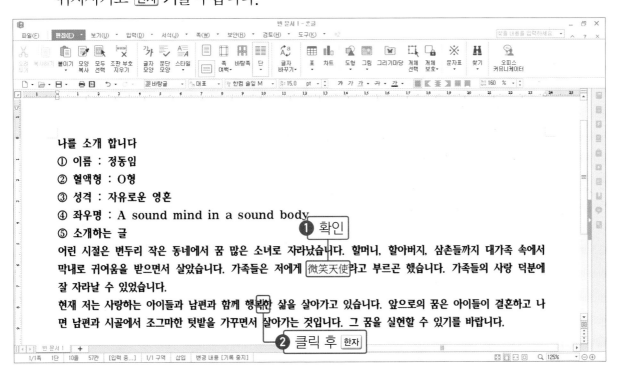

**04** [한자로 바꾸기] 대화상자가 나타나면 [한자 목록]에서 '행복'에 해당하는 한자 **'幸福'**을 선택한 후 [입력 형식]은 '한글(漢字)'로 설정하고 [바꾸기] 버튼을 클릭합니다.

F9 키를 눌러도 [한자로 바꾸기] 대화상자를 불러올 수 있습니다.

**05** [입력 형식]에서 설정한 대로 '한글(漢字)' 형식으로 입력되었습니다.

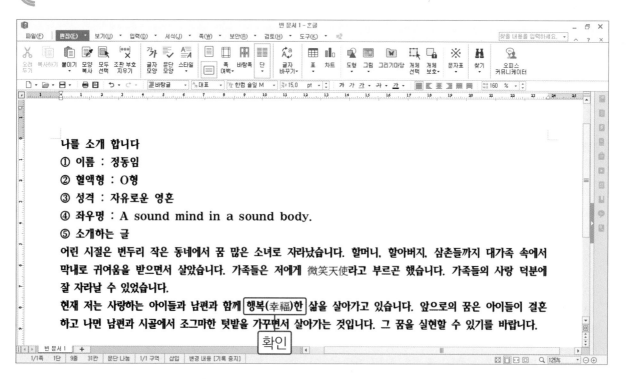

**01** '이름'을 드래그하여 블록으로 지정한 후 [편집] 탭-[글자 모양(⁊⁊)]을 클릭합니다. [글자 모양] 대화상자가 나타나면 [기본] 탭에서 [음영 색]의 [ 색 없음 ▾]을 클릭합니다. 기본 테마의 'RGB : 255, 215, 0'으로 설정한 후 [설정] 버튼을 클릭합니다.

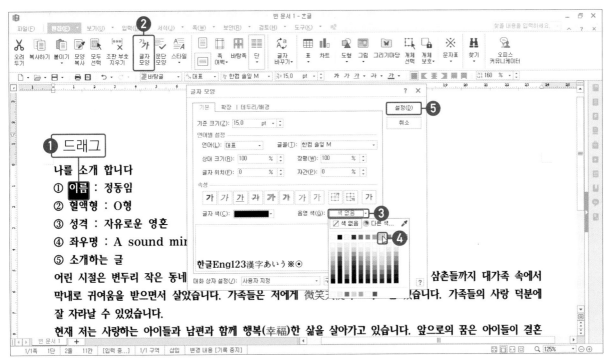

**02** '이름' 가운데를 클릭하여 커서를 위치시키고, [편집] 탭-[모양 복사(📋)]를 클릭합니다.

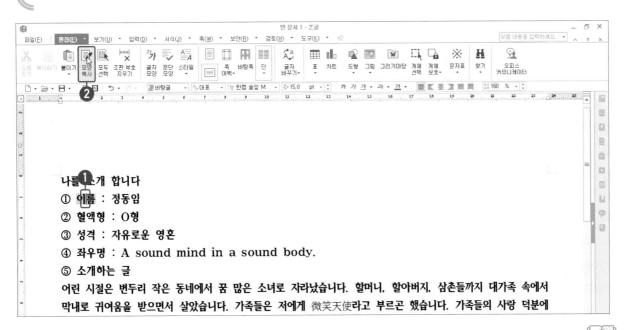

> 모양 복사는 커서 위치의 글자 모양이나 문단 모양, 스타일 등을 다른 곳으로 간편하게 복사하는 기능으로, 바로 가기 키는 Alt + C 입니다.

**03** [모양 복사] 대화상자가 나타나면 [본문 모양 복사]에서 '글자 모양'을 선택한 후 [복사] 버튼을 클릭합니다.

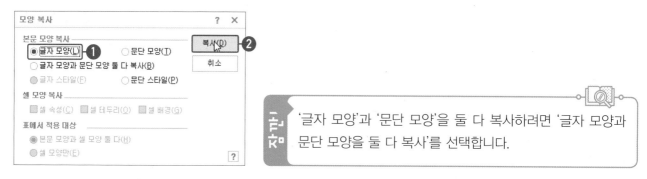

'글자 모양'과 '문단 모양'을 둘 다 복사하려면 '글자 모양과 문단 모양을 둘 다 복사'를 선택합니다.

**04** '이름'의 글자 모양을 '혈액형'에 모양 복사하기 위해 '혈액형'을 드래그하여 블록으로 지정한 후 [편집] 탭–[모양 복사(📋)]를 클릭합니다. 음영 색이 '혈액형'에 모양 복사됩니다.

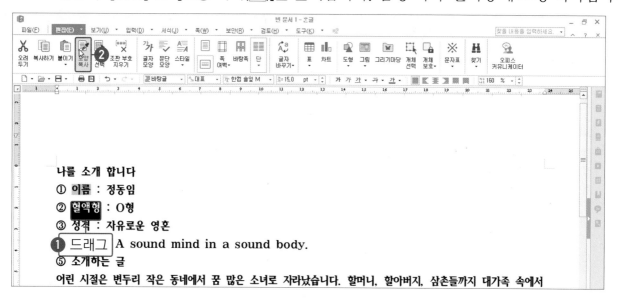

**05** 같은 방법으로 '성격', '좌우명', '소개하는 글'도 각각 드래그하여 블록으로 지정한 후 모양 복사합니다.

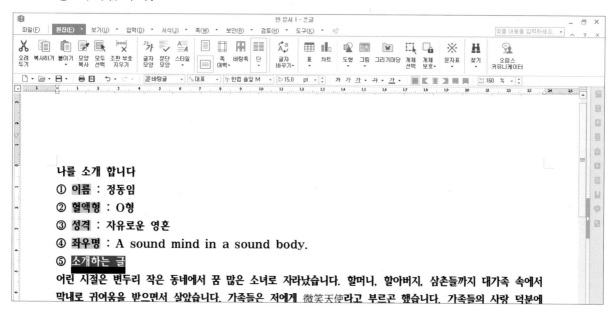

**01** '나를 소개 합니다'를 드래그하여 블록으로 지정한 후 [편집] 탭-[글자 모양(가)]을 클릭합니다. [글자 모양] 대화상자가 나타나면 [기본] 탭에서 [기준 크기]는 '32pt', [글꼴]은 'HY바다M', [속성]은 가(밑줄), [글자 색]은 기본 테마의 'RGB : 97, 130, 214'로 설정합니다.

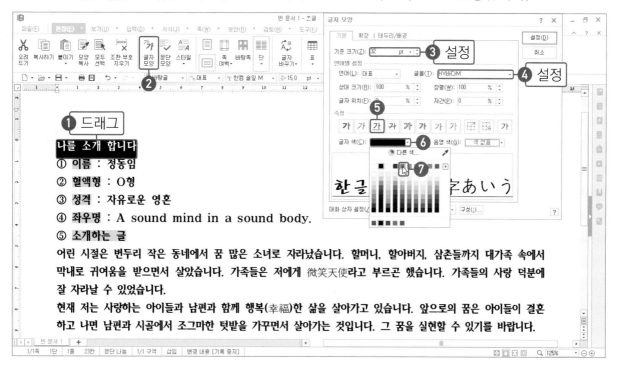

**02** [확장] 탭을 클릭한 후 [밑줄]에서 [위치]는 '아래쪽', [모양]은 '이중 실선', [색]은 기본 테마의 'RGB : 97, 130, 214'로 설정하고 [설정] 버튼을 클릭합니다.

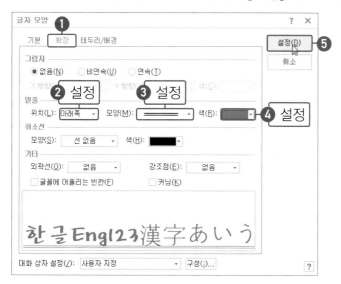

[글자 모양] 대화상자의 [확장] 탭에서는 글자의 그림자, 밑줄, 취소선, 외곽선, 강조점 등을 설정할 수 있습니다.

**03** '나를 소개 합니다'의 글자 모양이 변경되었습니다. 계속해서 서식 도구 상자에서 [가운데 정렬(≡)]을 클릭하여 문서의 가운데로 정렬합니다.

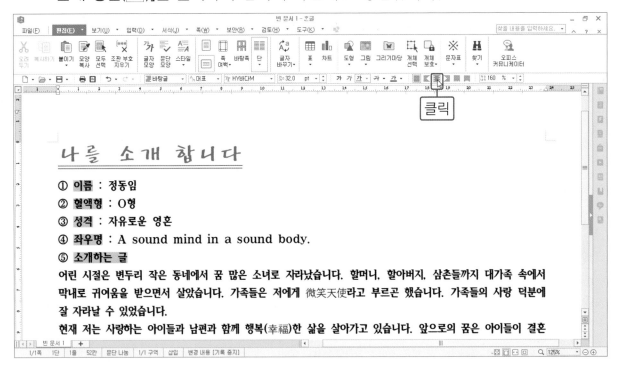

**04** '微笑天使'를 드래그하여 블록으로 지정한 후 [편집] 탭-[글자 모양(⅔)]을 클릭합니다. [글자 모양] 대화상자가 나타나면 [확장] 탭에서 [기타]의 [강조점]을 '⸫'로 설정하고 [설정] 버튼을 클릭합니다.

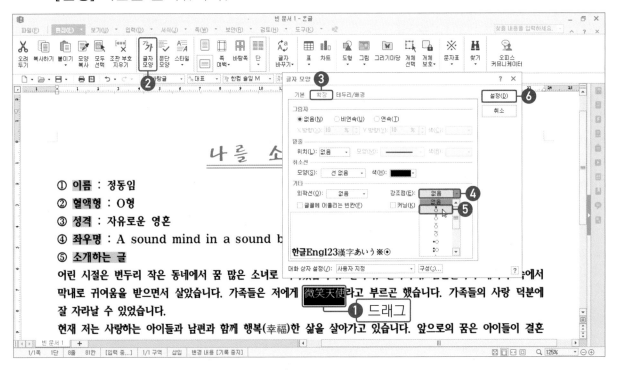

**05** '微笑天使'의 글자 사이를 클릭하여 커서를 위치시키고 Alt + C 키를 누릅니다. [모양 복사] 대화상자가 나타나면 [복사] 버튼을 클릭하여 '글자 모양'을 복사한 후, '행복'을 드래그하여 블록으로 지정하고 Alt + C 키를 눌러 모양 복사합니다.

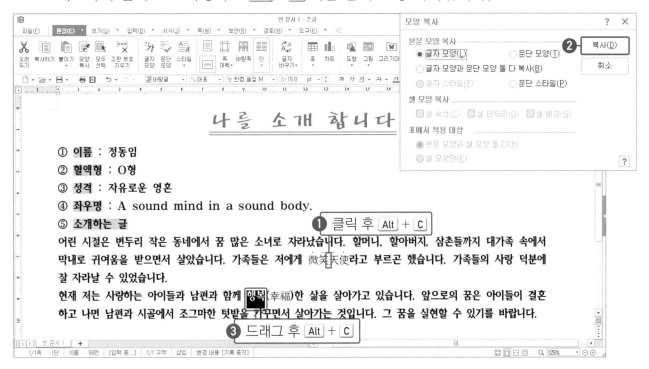

**06** '①' 앞을 클릭하여 커서를 위치시킨 후 Enter 키를 눌러 빈 줄을 삽입합니다. 3~12번째 줄까지 드래그하여 블록으로 지정한 후 서식 도구 상자에서 [줄 간격(160 % )]의 ▼를 클릭한 후, [180%]를 선택하여 줄 간격을 넓혀 줍니다.

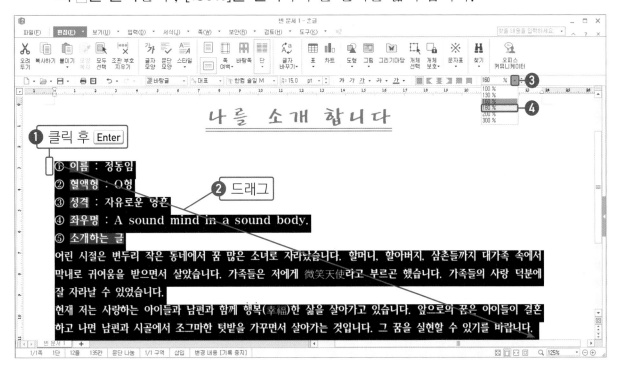

**07** 서식 도구 상자에서 [저장하기(💾)]를 클릭합니다. [다른 이름으로 저장하기] 대화상자가 나타나면 파일 이름은 '자기소개서'라고 입력한 후, [저장] 버튼을 클릭합니다.

**1** 편집 용지를 '가로'로 설정한 후 다음처럼 글자를 꾸며 봅니다.

| • 글자 크기 : 100pt | • 글꼴 : 한컴 쿨재즈B | • 정렬 : 가운데 정렬 |
|---|---|---|

아주 특별한
당신은
나에게 행복

**2** 문제 [1]의 파일에 다음처럼 '특별한'에 강조점을 추가하고, '행복'에 양각과 음영 색(기본 테마의 'RGB : 255, 132, 58')을 추가해 봅니다.

아주 특별한
당신은
나에게 행복

**3** 문제 [2]의 파일을 '캘리그라피.hwp'로 저장해 봅니다.

**4** 새 문서를 열고 편집 용지를 '가로'로 설정한 후 다음처럼 입력해 봅니다.

> • 글자 크기 : 13pt       • 글꼴 : 궁서체

삼강오륜
삼강오륜은 현재까지도 이어져 일상생활에 깊이 뿌리내린 윤리 도덕이랍니다.

삼강
군위신강 : 임금과 신하 사이에 마땅히 지켜야 할 도리
부위자강 : 어버이와 자식 사이에 마땅히 지켜야 할 도리
부위부강 : 남편과 아내 사이에 지켜야 할 도리

오륜
군신유의 : 임금과 신하 사이에는 의로움이 있어야 함.
부자유친 : 어버이와 자식 사이에는 친함이 있어야 함.
부부유별 : 부부 사이에는 구별이 있어야 함.
장유유서 : 어른과 아이 사이에는 차례와 질서가 있어야 함.
붕우유신 : 친구 사이에는 믿음이 있어야 함

**5** 문제 [4]의 파일에 다음처럼 한자와 기호를 추가해 봅니다.

◉ 삼강오륜
삼강오륜(三綱五倫)은 현재까지도 이어져 일상생활에 깊이 뿌리내린 윤리 도덕이랍니다.

◉ 삼강
❶ 군위신강(君爲臣綱) : 임금과 신하 사이에 마땅히 지켜야 할 도리
❷ 부위자강(父爲子綱) : 어버이와 자식 사이에 마땅히 지켜야 할 도리
❸ 부위부강(夫爲婦綱) : 남편과 아내 사이에 지켜야 할 도리

◉ 오륜
❶ 군신유의(君臣有義) : 임금과 신하 사이에는 의로움이 있어야 함.
❷ 부자유친(父子有親) : 어버이와 자식 사이에는 친함이 있어야 함.
❸ 부부유별(夫婦有別) : 부부 사이에는 구별이 있어야 함.
❹ 장유유서(長幼有序) : 어른과 아이 사이에는 차례와 질서가 있어야 함.
❺ 붕우유신(朋友有信) : 친구 사이에는 믿음이 있어야 함

> **힌트**
> • ◉ : [편집] 탭–[문자표] 또는 [입력] 탭–[문자표] 활용
> • ❶∼❺ : [입력] 탭–[입력 도우미]의 [글자 겹치기] 활용

**6** 문제 [5]의 파일을 '삼강오륜.hwp'로 저장해 봅니다.

# 03 시집 만들기

완성파일 : 시.hwp

**학습 포인트**

- 문단 정렬
- 문단과 줄 바꿈
- 문단 여백
- 줄 간격

- 문단 테두리 설정
- 문단 배경 꾸미기
- 여러 방식으로 화면 보기

이번 장에서는 자작 시를 입력하고 각 연 단위로 정렬한 후, 문단 여백과 줄 간격을 설정하고 문단마다 테두리나 배경 색으로 꾸며 보겠습니다. 문단 모양을 활용해서 예쁘게 꾸민 문서를 폭 맞춤, 쪽 맞춤 등 다양한 방법으로 보는 방법에 대해서도 알아보겠습니다.

 미 리 보 기

봄의 연인

정동임

연인은 아름답게
흩날리는
벚꽃

연인은 자세하게
서로를
볼 수 있는
안경

연인은 다양하게
추억을
저장하는
사진첩

연인은 서로에게
편안함을
줄 수 있는
안식처

연인은 모두에게
꽃을 주는
봄

## Step 01   문단

여러 문장이 이어지다가 문맥에 따라 줄이 바뀌는 부분을 '문단'이라고 합니다. 한글에서는 사용자가 입력하는 도중에 Enter 키를 누르면 문단이 나누어집니다.

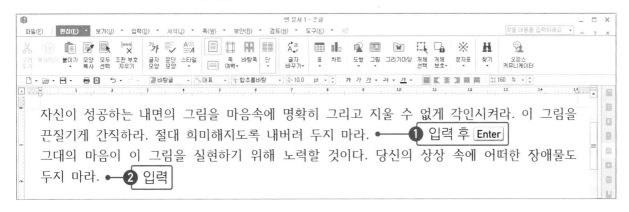

## Step 02   [문단 모양] 대화상자 살펴보기

[편집] 탭 또는 [서식] 탭의 [문단 모양]을 클릭하면 [문단 모양] 대화상자가 나타납니다.

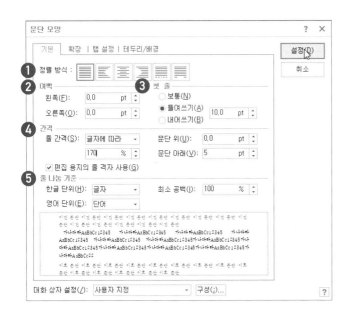

**1** **정렬 방식** : 양쪽 정렬, 왼쪽 정렬, 가운데 정렬, 오른쪽 정렬, 배분 정렬, 나눔 정렬 중 선택하여 설정할 수 있습니다.

**2** **여백** : 현재 문단의 왼쪽과 오른쪽 여백을 설정합니다.

**3** **첫 줄** : 문단 첫 줄을 기본(보통) 상태로 둘 것인지, 들여쓰기할 것인지, 내어쓰기할 것인지를 설정할 수 있습니다.

**4** **간격** : 현재 문단의 줄 간격을 변경하거나 문단과 문단 사이의 간격을 조정할 수 있습니다.

**5** **줄 나눔 기준** : 오른쪽 여백에 낱말 일부가 걸리는 경우 낱말들 사이의 빈 칸 간격을 조정하여 낱말이 걸리지 않게 할 기준을 설정할 수 있습니다.

**Step 01** 　행과 연 구분해서 입력하기

**01** 　한글을 실행한 후 빈 문서가 표시되면 서식 도구 상자에서 [글꼴]은 'HY견명조', [글자 크기]는 '13pt'로 설정합니다.

① 설정　② 설정

**02** 　다음과 같이 입력합니다.

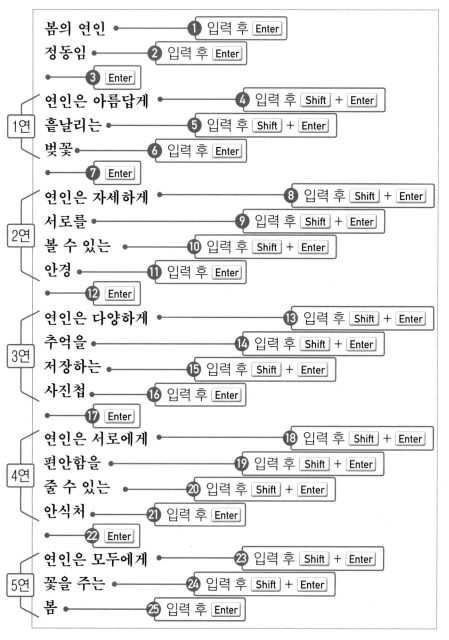

봄의 연인 ●─── ① 입력 후 Enter

정동임 ●─── ② 입력 후 Enter

③ Enter

[1연]
연인은 아름답게 ●─── ④ 입력 후 Shift + Enter
흩날리는 ●─── ⑤ 입력 후 Shift + Enter
벗꽃 ●─── ⑥ 입력 후 Enter
⑦ Enter

[2연]
연인은 자세하게 ●─── ⑧ 입력 후 Shift + Enter
서로를 ●─── ⑨ 입력 후 Shift + Enter
볼 수 있는 ●─── ⑩ 입력 후 Shift + Enter
안경 ●─── ⑪ 입력 후 Enter
⑫ Enter

[3연]
연인은 다양하게 ●─── ⑬ 입력 후 Shift + Enter
추억을 ●─── ⑭ 입력 후 Shift + Enter
저장하는 ●─── ⑮ 입력 후 Shift + Enter
사진첩 ●─── ⑯ 입력 후 Enter
⑰ Enter

[4연]
연인은 서로에게 ●─── ⑱ 입력 후 Shift + Enter
편안함을 ●─── ⑲ 입력 후 Shift + Enter
줄 수 있는 ●─── ⑳ 입력 후 Shift + Enter
안식처 ●─── ㉑ 입력 후 Enter
㉒ Enter

[5연]
연인은 모두에게 ●─── ㉓ 입력 후 Shift + Enter
꽃을 주는 ●─── ㉔ 입력 후 Shift + Enter
봄 ●─── ㉕ 입력 후 Enter

> **한글쏙!**
> 한글에서 사용자가 글을 입력하는 도중에 Enter 키를 누르면 문단이 나누어집니다. 문단을 나누지 않고 줄바꿈을 하기 위해서는 Shift + Enter 키를 누릅니다.

**01** '봄의 연인' 뒤를 클릭하여 커서를 위치시킨 후 서식 도구 상자에서 [가운데 정렬(≡)]을 클릭하고, 지은이 이름 뒤를 클릭하여 커서의 위치를 이동한 후 서식 도구 상자에서 [오른쪽 정렬(≡)]을 클릭합니다.

**꿀팁**

① **양쪽 정렬** : 문단 모양을 양쪽으로 가지런하게 맞춥니다.

② **왼쪽 정렬** : 문단 모양을 왼쪽으로 가지런하게 맞춥니다.

③ **가운데 정렬** : 문단 모양을 가운데 기준으로 맞춥니다.

④ **오른쪽 정렬** : 문단 모양을 오른쪽으로 가지런하게 맞춥니다.

⑤ **배분 정렬** : 문단에서 각 단어의 간격을 균등하게 분할합니다.

⑥ **나눔 정렬** : 문단 모양을 양쪽으로 가지런하게 맞추되, 어절 사이를 일정하게 띄웁니다.

**02** 2연과 4연을 각각 드래그하여 블록으로 지정한 후 서식 도구 상자에서 [오른쪽 정렬(≡)]을 클릭합니다.

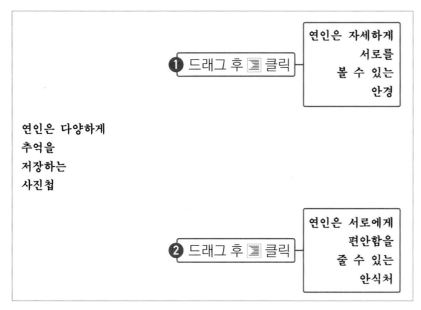

**01** '연인은 아름답게'부터 시의 끝인 '봄'까지 드래그하여 블록으로 지정한 후 [편집] 탭-[문단 모양(📋)]을 클릭합니다.

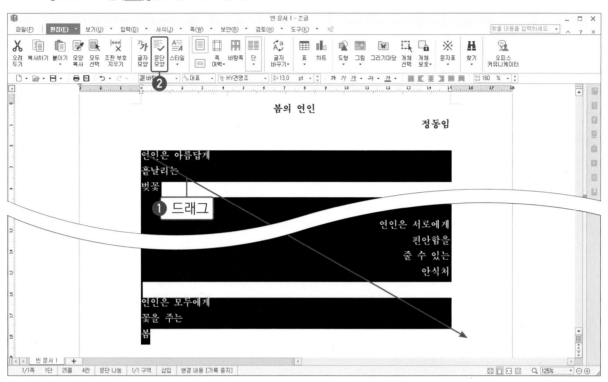

**02** [문단 모양] 대화상자가 나타나면 [여백]의 [왼쪽], [오른쪽]을 각각 '50.0pt'로 설정한 후, [간격]의 [줄 간격]은 '180%'로 설정하고 [설정] 버튼을 클릭합니다.

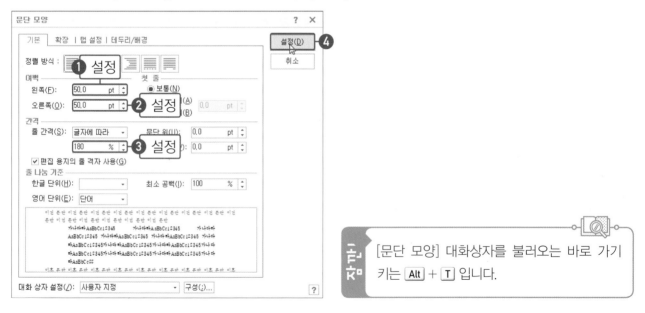

[문단 모양] 대화상자를 불러오는 바로 가기 키는 Alt + T 입니다.

**03** 왼쪽, 오른쪽 여백이 설정되고 줄 간격이 넓어졌습니다.

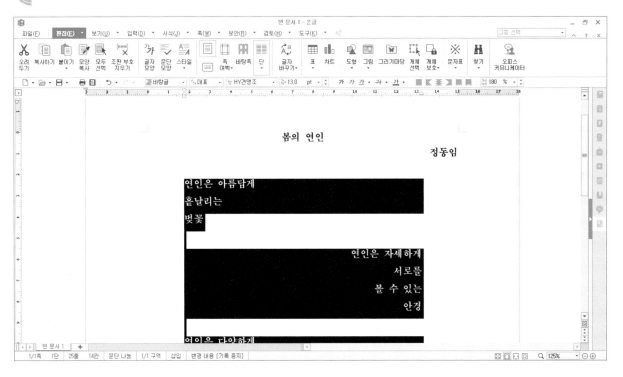

**01** Esc 키를 눌러 블록을 해제하고, 1연을 드래그하여 블록으로 지정한 후 [편집] 탭-[문단 모양]을 클릭합니다.

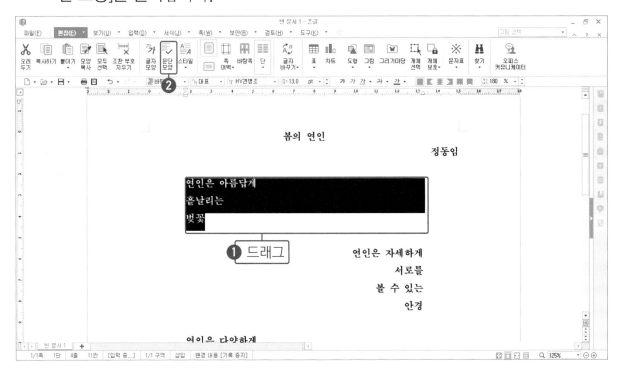

**02** [문단 모양] 대화상자가 나타나면 [테두리/배경] 탭을 클릭한 후 [테두리]에서 [종류]의 선 없음 ▼을 클릭하여 '이점쇄선'을 선택합니다.

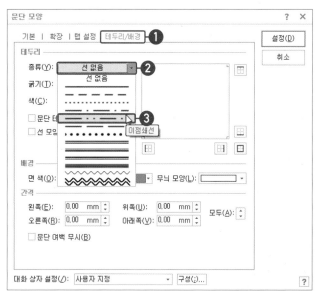

**03** 테두리의 색을 지정하기 위해 [색]의 ▼를 클릭한 후, ▶(색상 테마)를 클릭하여 '오피스'를 선택합니다. '오피스' 테마로 변경된 후, '주황(RGB:255,102,0)'을 선택합니다.

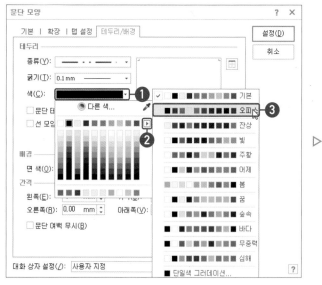 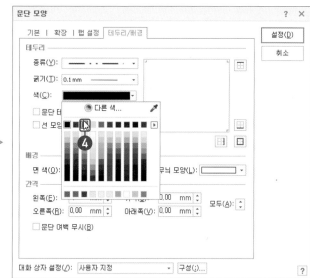

**04** 설정한 테두리를 모든 선에 적용하기 위해 ▢(모두)를 클릭합니다. [간격]에서 [위쪽]은 '4mm'로, [아래쪽] '2mm'로 설정하고 [설정] 버튼을 클릭합니다.

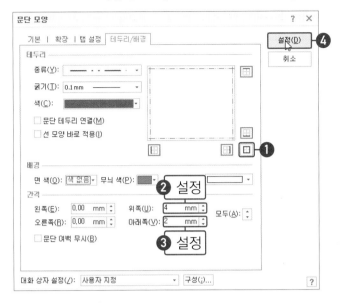

> 문단의 간격을 설정하지 않으면 문단 테두리가 글에 너무 붙어 있어서 보기 좋지 않습니다. 일정한 간격을 설정하는 것이 좋습니다.

**05** Esc 키를 눌러 블록을 해제합니다. 1연의 문단에 테두리가 그려졌습니다.

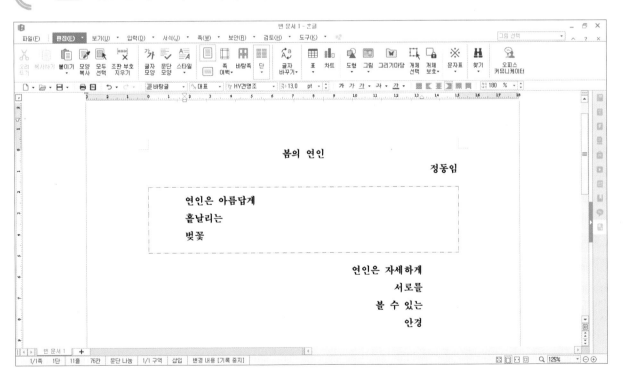

01 2연을 드래그하여 블록으로 지정한 후, [편집] 탭-[문단 모양(▒)]을 클릭합니다.

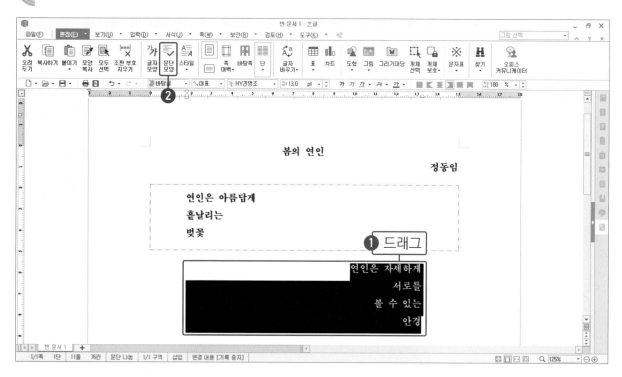

02 [문단 모양] 대화상자가 나타나면 [테두리/배경] 탭에서 [배경]의 [면 색]을 오피스 테마의 '주황(RGB:255,102,0) 90% 밝게'로 설정하고, [간격]의 [위쪽]은 '4mm'로, [아래쪽]은 '2mm'로 설정한 후 [설정] 버튼을 클릭합니다.

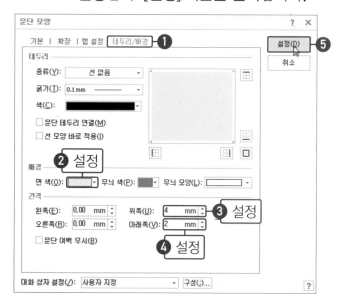

**03** Esc 키를 눌러 블록을 해제합니다. 문단 배경이 꾸며진 것을 확인합니다.

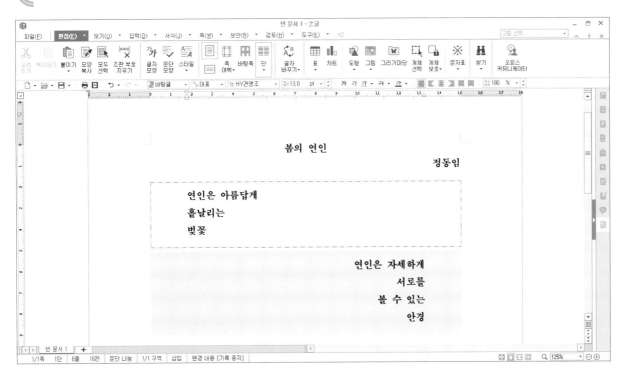

**04** 3연, 4연, 5연도 같은 방법으로 테두리와 배경색을 설정합니다.

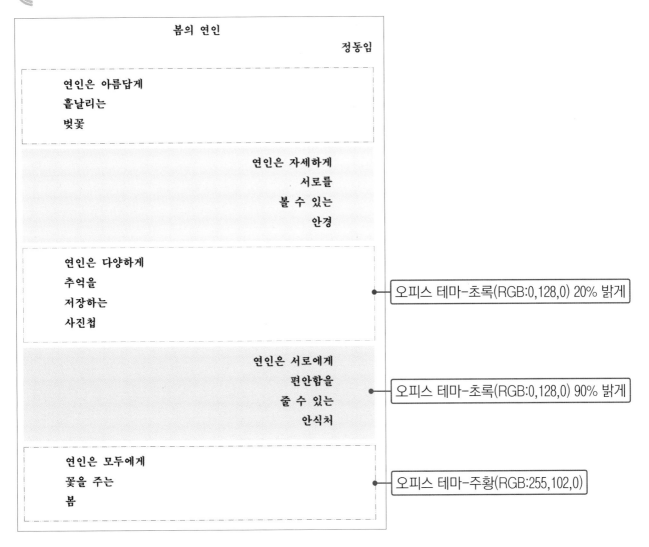

오피스 테마-초록(RGB:0,128,0) 20% 밝게

오피스 테마-초록(RGB:0,128,0) 90% 밝게

오피스 테마-주황(RGB:255,102,0)

**01** [보기] 탭–[문단 부호]를 클릭하여 체크합니다. '줄 바꿈 부호'와 '문단 부호'가 다름을 확인할 수 있습니다.

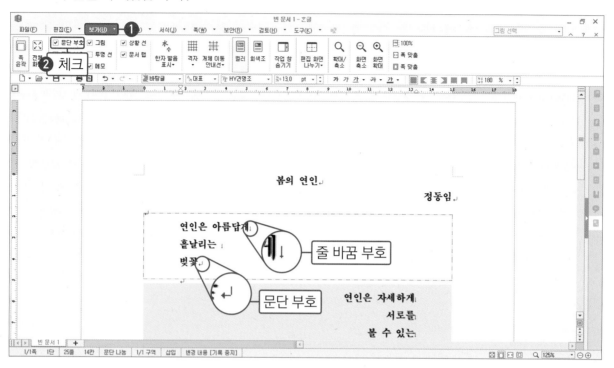

**02** [보기] 탭–[문단 부호]를 클릭하여 체크를 해제한 후, 전체 화면으로 문서를 보기 위해 [전체 화면(⤢)]을 클릭합니다.

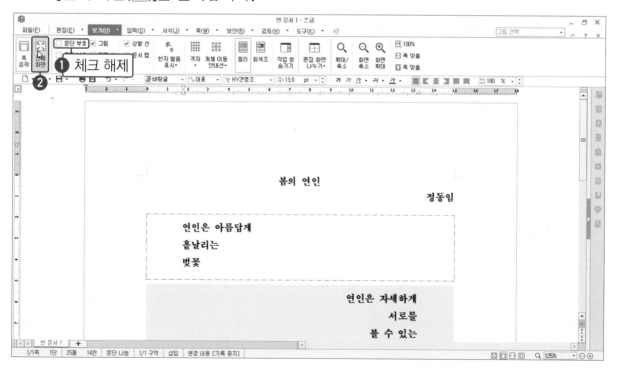

**03** 제목 표시줄과 메뉴 표시줄, 도구 상자가 사라지고 넓게 볼 수 있습니다. 아래쪽에서 [전체 화면 닫기]를 클릭합니다.

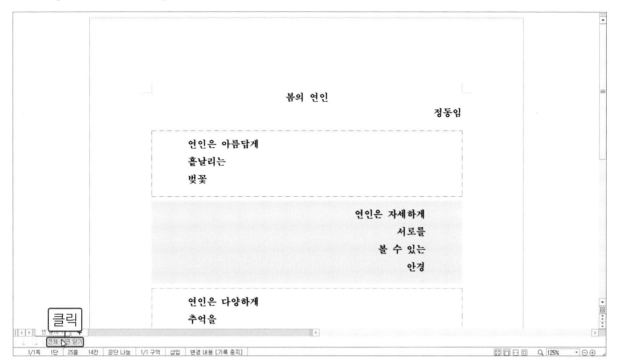

**04** [보기] 탭-[100%(⬚)]를 클릭합니다. 편집한 화면을 확대하거나 축소하지 않은 실제 크기로 보입니다.

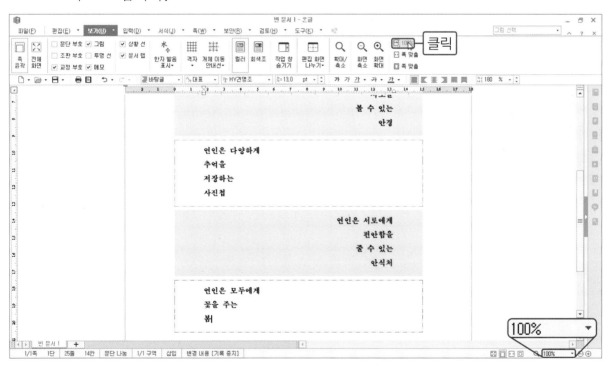

**05** [보기] 탭–[폭 맞춤(□)]을 클릭합니다. 용지의 너비가 문서 창의 너비에 맞춰 표시됩니다.

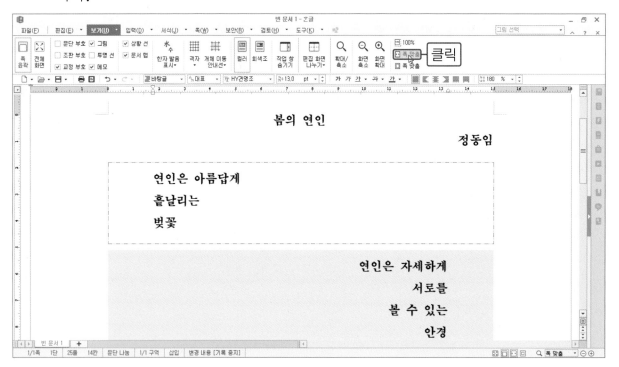

**06** [보기] 탭–[쪽 맞춤(□)]을 클릭합니다. 용지 한 쪽 분량을 한 화면에 모두 표시합니다.

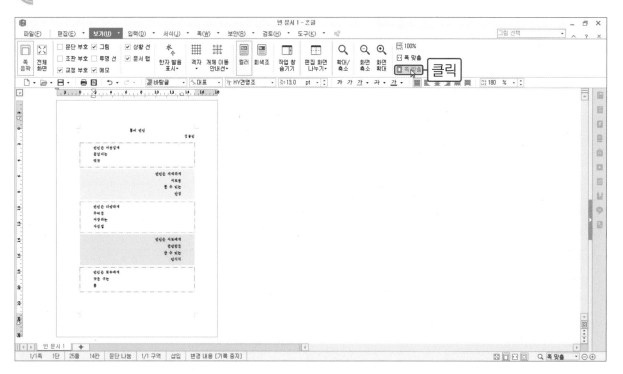

**07** 서식 도구 상자의 [저장하기(日)]를 클릭해 '시'라는 파일 이름으로 저장합니다.

## 실력 다지기

**1** '전통혼례복.hwp'를 불러와서 다음처럼 문단 모양을 변경해 봅니다.

준비파일 전통혼례복.hwp

- 왼쪽 여백 : 20pt
- 오른쪽 여백 : 20pt
- 첫 줄 : 내어쓰기, 10pt
- 줄 간격 : 150%

### 전통혼례복

① 활옷 : 원래는 궁중에서 의식이 있을 때에 왕비가 입던 대례복이었으나, 후에는 서민의 혼례복으로도 사용되었다. 활옷은 홍색비단에 청색으로 안을 받쳐서 만들었는데 이는 청색(여성)과 홍색(남성)의 화합을 의미하는 것이다.

② 원삼 : 고려시대부터 대례복으로 궁중여인들과 신부의 웃옷으로 사용되어 왔다. 황후는 황색, 왕비는 홍색, 비빈은 자색, 공주나 옹주는 녹색원삼을 입었는데, 그 중에서 녹색원삼이 서민층의 혼례식에 사용되었습니다. 민간 원삼에는 금박을 하지 않았다.

③ 대대 : 공단에 심을 넣어 만들어 금박무늬를 찍습니다. 활옷이나 원삼을 입은 뒤 앞가슴께에 대대의 중앙이 오도록 대고 양쪽으로 돌려 뒤에서 묶어 늘어뜨렸다.

④ 스란치마/대란치마 : 스란치마는 소례복에 입고, 대란치마는 대례복에 입던 치마이다. 금박무늬가 찍힌 천을 덧댄 스란단을 한 층 물인 것이 스란치마리고, 두 층 붙인 것이 대란치마이다. 가례나 길례 때는 속에도 남색 스란치마를 입었다.

⑤ 족두리 : 원래 몽고에서 여인들이 외출할 때에 쓰던 일종의 모자였으나, 고려말 우리나라에 들어온 뒤로 모양이 왜소해져 머리장식품으로 변하였다. 영조 때의 가발금지령에 따라 왕비나 세자빈이 칠보족두리를 쓰면서부터 널리 보급되기 시작했는데, 궁중이나 양반집에서 의식용으로 소례복에 족두리를 썼다.

**2** 문제 [1]의 파일에서 다음처럼 문단의 테두리와 배경을 꾸며 봅니다.

- ① ③ ⑤ 문단 : 테두리(선 없음), 간격(위쪽 '2mm', 아래쪽 '2mm'), 배경(면 색 [오피스 테마]–
검은 군청 90% 밝게', 무늬 색 '[기본 테마]–하양', 무늬 모양 '체크무늬')
- ② ④ 문단 : 테두리(선 종류 '원형 점선', 선 굵기 '0.2mm', 색 '[오피스 테마]–보라'),
간격(위쪽 '2mm', 아래쪽 '2mm')

### 전통혼례복

① 활옷 : 원래는 궁중에서 의식이 있을 때에 왕비가 입던 대례복이었으나, 후에는 서민의 혼례복으로도 사용되었다. 활옷은 홍색비단에 청색으로 안을 받쳐서 만들었는데 이는 청색(여성)과 홍색(남성)의 화합을 의미하는 것이다.

② 원삼 : 고려시대부터 대례복으로 궁중여인들과 신부의 웃옷으로 사용되어 왔다. 황후는 황색, 왕비는 홍색, 비빈은 자색, 공주나 옹주는 녹색원삼을 입었는데, 그 중에서 녹색원삼이 서민층의 혼례식에 사용되었습니다. 민간 원삼에는 금박을 하지 않았다.

③ 대대 : 공단에 심을 넣어 만들어 금박무늬를 찍습니다. 활옷이나 원삼을 입은 뒤 앞가슴께에 대대의 중앙이 오도록 대고 양쪽으로 돌려 뒤에서 묶어 늘어뜨렸다.

④ 스란치마/대란치마 : 스란치마는 소례복에 입고, 대란치마는 대례복에 입던 치마이다. 금박무늬가 찍힌 천을 덧댄 스란단을 한 층 물인 것이 스란치마리고, 두 층 붙인 것이 대란치마이다. 가례나 길례 때는 속에도 남색 스란치마를 입었다.

⑤ 족두리 : 원래 몽고에서 여인들이 외출할 때에 쓰던 일종의 모자였으나, 고려말 우리나라에 들어온 뒤로 모양이 왜소해져 머리장식품으로 변하였다. 영조 때의 가발금지령에 따라 왕비나 세자빈이 칠보족두리를 쓰면서부터 널리 보급되기 시작했는데, 궁중이나 양반집에서 의식용으로 소례복에 족두리를 썼다.

**3** 문제 [2]의 파일을 '고전의상.hwp'로 저장해 봅니다.

**4** 새 문서를 열고, 다음처럼 '국기에 대한 맹세'를 입력해 봅니다.

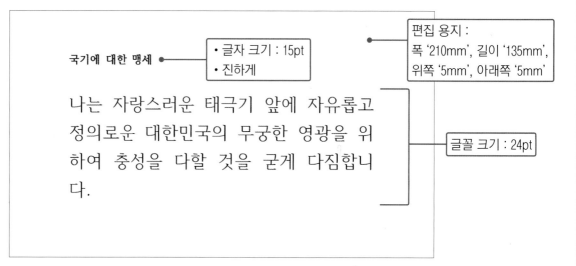

**5** 문제 [4]의 파일에 다음처럼 문단 첫 글자 장식을 하고, 문단 테두리를 꾸며 봅니다.

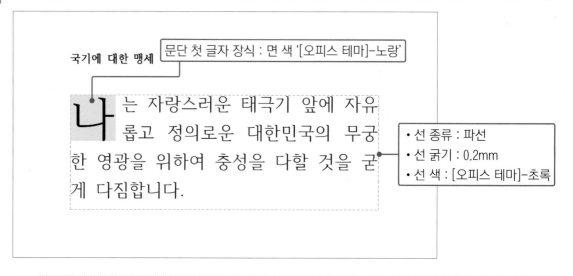

**<sup>하나</sup> 더!** '문단 첫 글자 장식'은 문단의 첫 글자를 장식할 수 있는 기능으로, 한 번에 한 개의 문단에 대해서만 실행할 수 있습니다. 여러 문단을 블록으로 설정하거나 현재 문단을 블록으로 설정한 상태에서는 '문단 첫 글자 장식'을 실행할 수 없습니다.

① 첫 글자를 장식할 문단 위에 커서를 위치한 후 [서식] 탭의 ▾를 클릭한 후 [문단 첫 글자 장식]을 선택합니다.

② [모양]에서 장식 모양(없음, 2줄, 3줄, 여백) 중 ▤(2줄)을 선택하고, [면 색]을 설정한 후 [설정] 버튼을 클릭합니다.

③ 문단 첫 글자만 장식된 것을 확인할 수 있습니다.

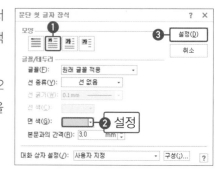

**6** 문제 [5]의 파일을 '맹세.hwp'로 저장해 봅니다.

# 04 책갈피 만들기

**학습 포인트**

- 도형 삽입
- 개체 복사
- 그리기마당
- 도형 순서

- 도형 맞춤
- 개체 선택
- 개체 묶기와 풀기
- 색 골라내기

이번 장에서는 도형과 그리기마당을 활용하여 나만의 멋진 책갈피를 만들어 봅니다. 더불어 그룹으로 묶어서 이동 및 복사하는 방법, 만들어진 순서와 상관없이 앞뒤로 배치를 변경하고, 손쉽게 균등한 간격을 배치하는 방법 등도 함께 공부해 봅니다.

    미리보기

  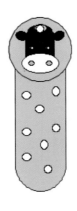 

동물 모양 책갈피

◉ 완성파일 : 책갈피.hwp

## Step 01　도형 삽입하기

[편집] 탭-[도형(△)]에서 원하는 도형을 선택하여 편집 창에 드래그하면 도형이 삽입됩니다.

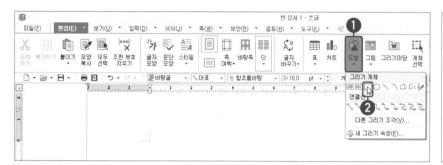

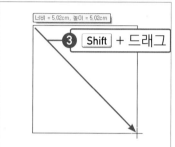

> **꿀팁** [입력] 탭에서도 원하는 도형을 선택하여 그릴 수 있습니다.
>
>

## Step 02　도형 편집하기

[도형(▨)] 탭에서 [채우기(△·)]나 [윤곽선(△·)]을 클릭하여 개체의 배경색 및 테두리 선 모양을 변경할 수 있습니다.

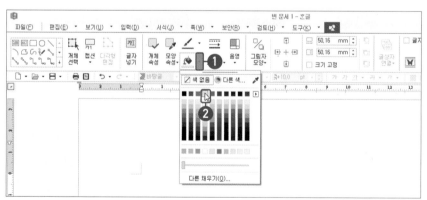

[도형(⬛)] 탭-[회전(◎)]을 클릭하여 도형의 방향을 변경할 수 있습니다. [개체 회전]을 선택하면 개체 중심에 회전 중심점이 생기고 모서리에는 연두색 조절점(○)이 생기는데, 다음처럼 드래그하여 회전 각도를 조정할 수 있습니다.

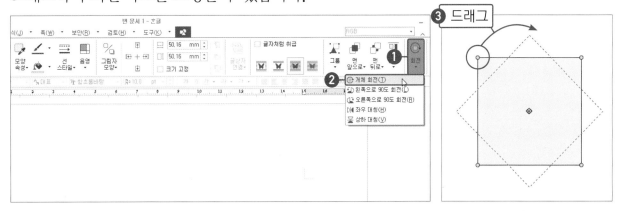

[도형(⬛)] 탭-[글자 넣기(⑦)]를 클릭하면 도형 안에 글자를 입력할 수도 있습니다.

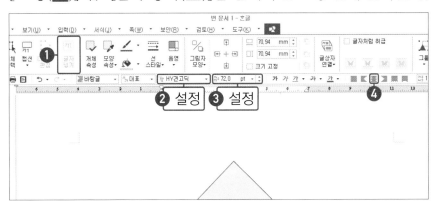

---

## 02 | 실력 다듬기　동물 모양 책갈피 만들기

#### Step 01　도형 그리기

**01** 한글을 실행한 후 [쪽] 탭-[가로(≣)]를 클릭하여 편집 용지를 가로로 변경합니다.

**02** [편집] 탭–[도형(📱)]을 클릭한 후 [직사각형(□)]을 선택합니다.

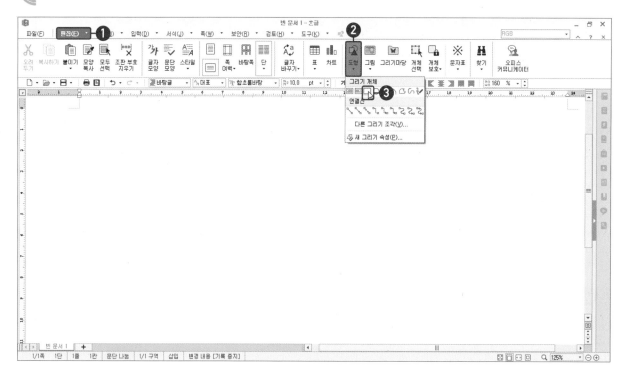

**03** 마우스 포인터의 모습이 '+' 모양으로 변경됩니다. 드래그하여 직사각형을 그립니다.

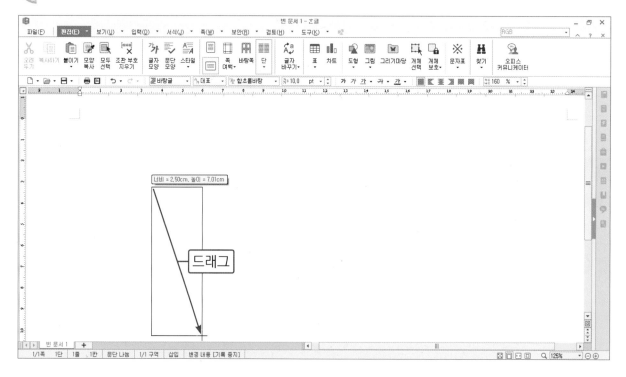

**04** [도형(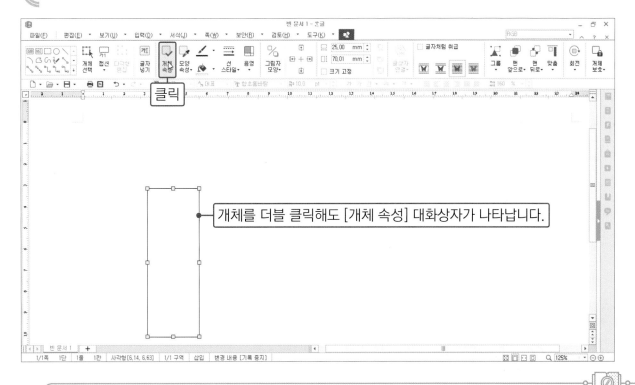)] 탭-[개체 속성]을 클릭합니다.

클릭

개체를 더블 클릭해도 [개체 속성] 대화상자가 나타납니다.

**개체 탭**

문서에 삽입된 개체를 선택하면 개체가 도형 또는 그림인지 등에 따라 [도형()] 탭, [그림()] 탭 등의 개체 탭이 표시됩니다.

**05** [개체 속성] 대화상자가 나타나면 [선] 탭을 클릭한 후 [사각형 모서리 곡률]에서 '반원 (○)'을 선택합니다.

**06** [채우기] 탭을 클릭합니다. [색]에서 [면 색]의 ⬛▾을 클릭한 후, 오피스 테마의 '주황(RGB:255,102,0)'을 선택하고 [설정] 버튼을 클릭합니다. 하얀색 직사각형이 모서리가 반원인 주황색 도형으로 바뀌었습니다.

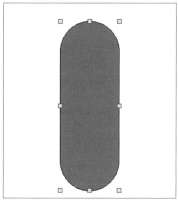

---

Step 02  **도형 복사하기**

**01** [도형(⬛)] 탭에서 도형 중 [직사각형(□)]을 클릭합니다. 모서리가 반원인 도형 위에서 드래그하여 직사각형을 삽입합니다.

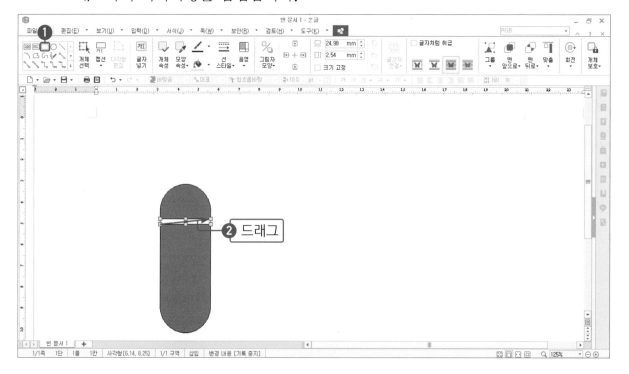

**02** [도형(📷)] 탭-[채우기(🔲▾)]의 ▾를 클릭한 후 오피스 테마의 '노랑(RGB:255,255,0)'을 선택하여 직사각형을 노란색 직사각형으로 만듭니다.

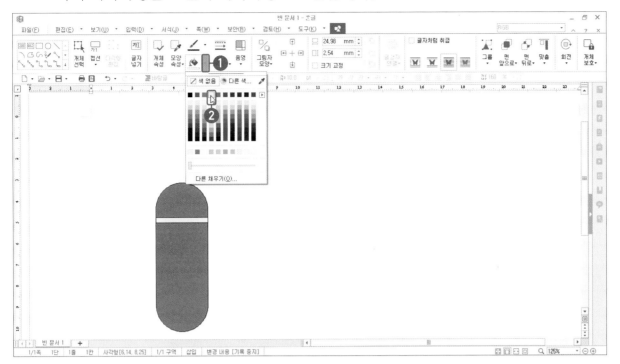

**03** 노란색 직사각형의 테두리 선을 없애기 위해 [도형(📷)] 탭-[선 스타일(☰)]을 클릭한 후 [선 종류]-[선 없음]을 선택합니다.

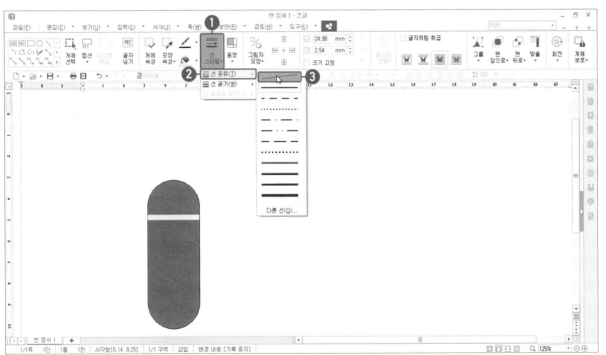

**04** 모서리가 반원인 주황색 도형에 노란색 직사각형으로 무늬를 만들기 위해 Ctrl + Shift 키를 누른 채 아래쪽으로 드래그하여 노란색 직사각형을 복사합니다. 같은 방법으로 Ctrl + Shift 키를 누른 채 드래그하여 다음처럼 **여러 개를 복사**합니다.

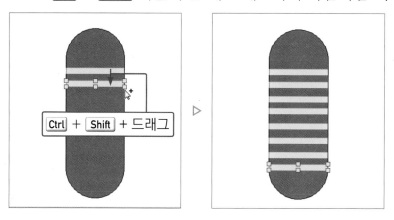

Ctrl 키를 누른 채 도형을 드래그하면 도형이 복사되는데, Shift 키도 함께 누른 채 도형을 드래그하면 수직 또는 수평으로 복사할 수 있습니다.

**05** [도형(📐)] 탭-[개체 선택(🔲)]을 클릭한 후, 대각선 방향으로 드래그합니다. Shift 키를 누른 채 모서리가 반원인 주황색 도형을 클릭하여 선택에서 뺍니다. 노란색 직사각형들만 선택되어 있는 상태에서 [도형(📐)] 탭-[맞춤(🔲)]을 클릭한 후 [세로 간격을 동일하게]를 선택합니다. 세로 간격이 동일하게 조정됩니다.

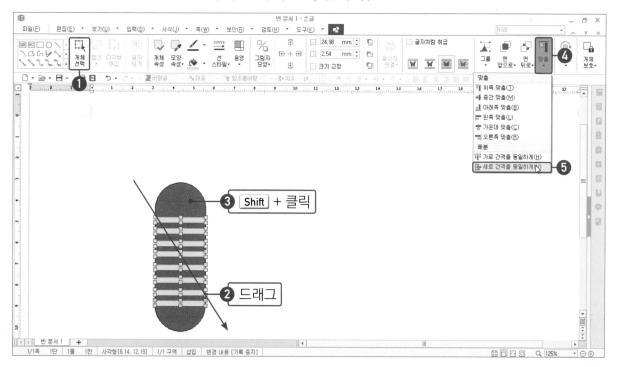

Shift 키를 누른 채 클릭하면 여러 개의 도형을 선택할 수 있습니다. Shift 키를 누른 채 선택된 개체를 클릭한 경우에는 선택 항목에서 빠집니다. 선택을 해제할 경우에는 빈 곳을 클릭하거나 Esc 키를 누릅니다.

## Step 03 그리기 조각 삽입하기

**01** [편집] 탭–[그리기마당()]을 클릭합니다.

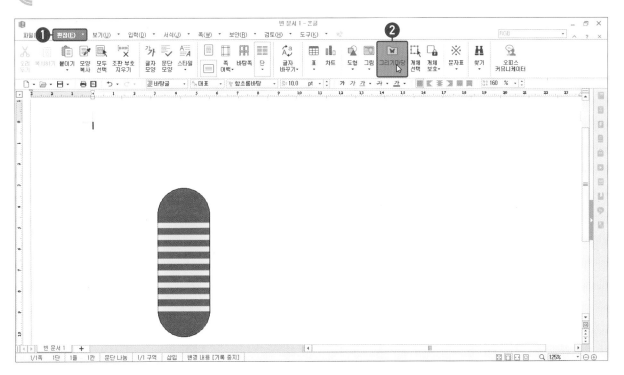

**02** [그리기마당] 대화상자가 나타나면 [그리기 조각] 탭의 [선택할 꾸러미]에서 '아이콘(동물)'을 클릭한 후 [개체 목록]에서 '쥐'를 선택하고 [넣기] 버튼을 클릭합니다.

**03** 모서리가 반원인 주황색 도형 위에 드래그하여 다음과 같이 '쥐' 개체를 삽입합니다. [도형 (📌)] 탭–[선 색(✎▾)]의 ▾를 클릭한 후 기본 테마의 '검정(RGB:0,0,0)'을 선택합니다.

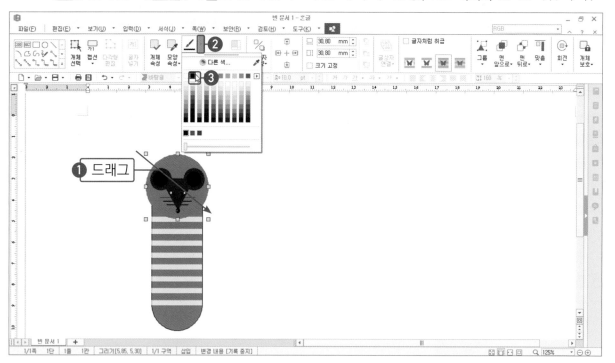

**04** 나중에 책갈피에 끈을 묶을 수 있는 흰색 구멍을 만들기 위해 [도형(📌)] 탭에서 [타원 (⬭)]을 클릭한 후, 쥐 개체 위에서 Shift 키를 누른 채 드래그하여 원을 삽입합니다. [도형(📌)] 탭–[채우기(⬛▾)]의 ▾를 클릭한 후 [다른 색]을 선택합니다.

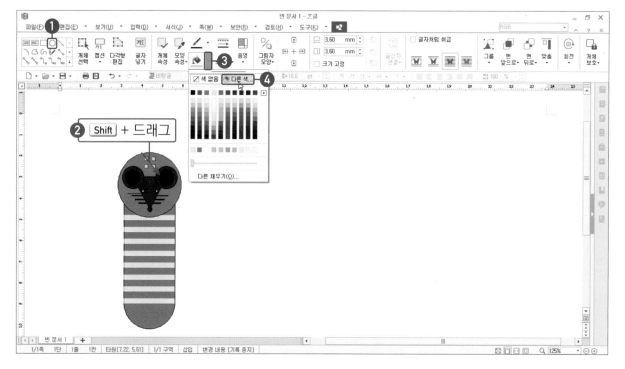

**05** [색] 대화상자가 나타나면 [팔레트] 탭에서 '흰색(RGB:255,255,255)'을 클릭한 후 [설정] 버튼을 클릭합니다.

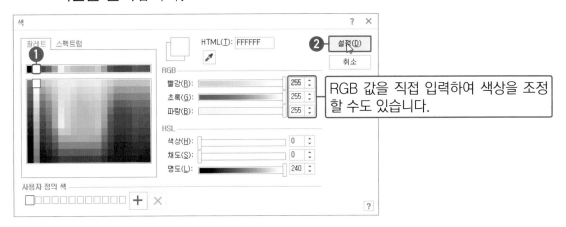

RGB 값을 직접 입력하여 색상을 조정할 수도 있습니다.

## Step 04  도형 순서 설정하기

**01** 원이 선택되어 있지만 보이지 않습니다. [도형(◪)] 탭-[맨 앞으로(맨앞으로▾)]를 클릭한 후 [맨 앞으로]를 선택합니다.

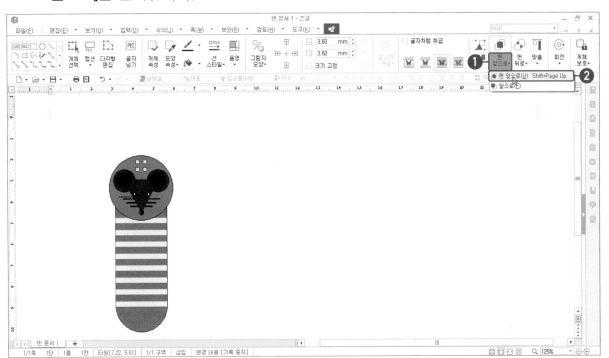

**02** 흰색 구멍이 보입니다.

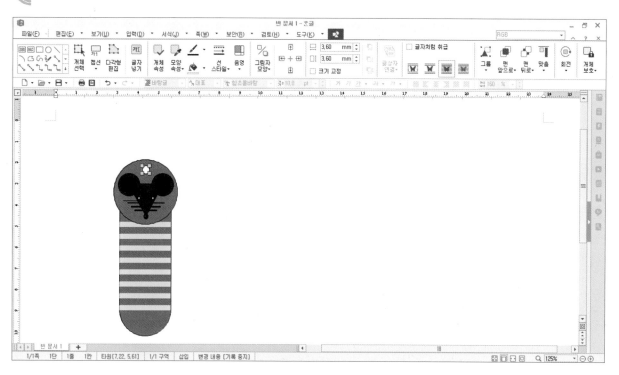

Step **05** 개체 묶기

**01** 개체를 선택하기 위해 [도형(■)] 탭-[개체 선택(Ⅲ)]을 클릭한 후, 드래그하여 다음과 같이 모두 선택합니다. [도형(■)] 탭-[맞춤(Ⅱ)]을 클릭한 후, [가운데 맞춤]을 선택합니다. 개체들이 가운데 맞춤으로 정렬됩니다.

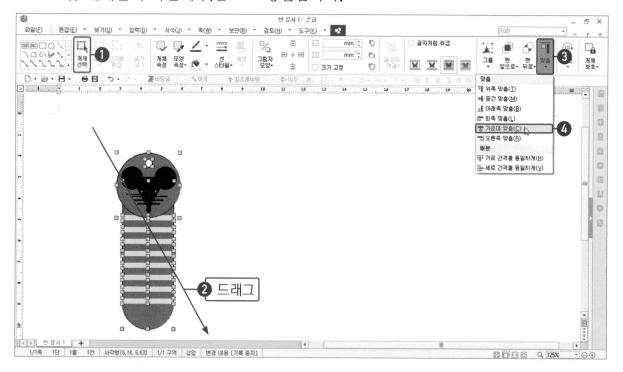

**02** 선택된 개체를 그룹화하기 위해 [도형(⬛)] 탭-[그룹(⬛)]을 클릭한 후, [개체 묶기]를 선택합니다.

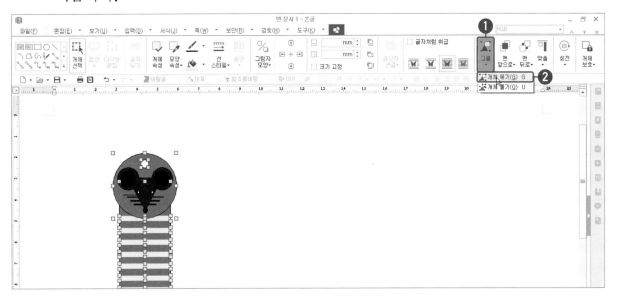

**03** 개체 묶기를 실행하겠냐는 메시지가 나타나면 [실행] 버튼을 클릭합니다.

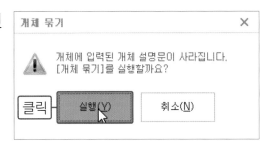

**04** 개체 묶음이 되었으면 Ctrl + Shift 키를 누른 채 오른쪽으로 드래그하여 복사합니다. 같은 방법으로 2개 더 복사합니다.

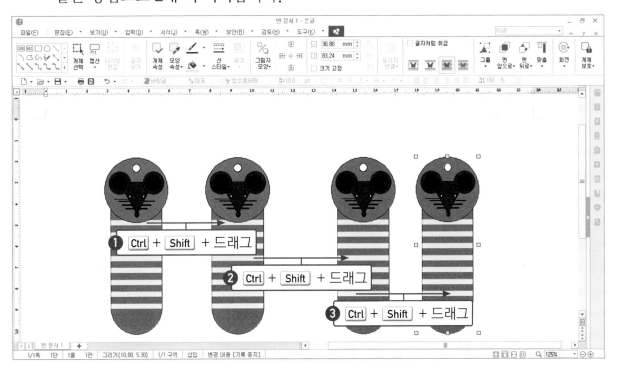

**05** [도형(￼)] 탭-[개체 선택(￼)]을 클릭한 후, 드래그하여 다음과 같이 개체를 모두 선택합니다. [도형(￼)] 탭-[맞춤(￼)]을 클릭한 후 [가로 간격을 동일하게]를 선택합니다.

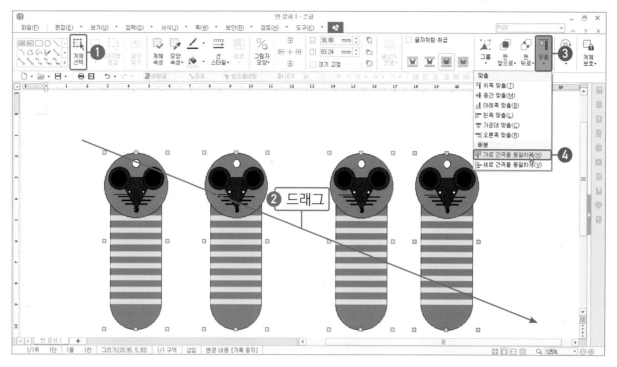

**06** 사이 간격이 균일하게 조정되었습니다.

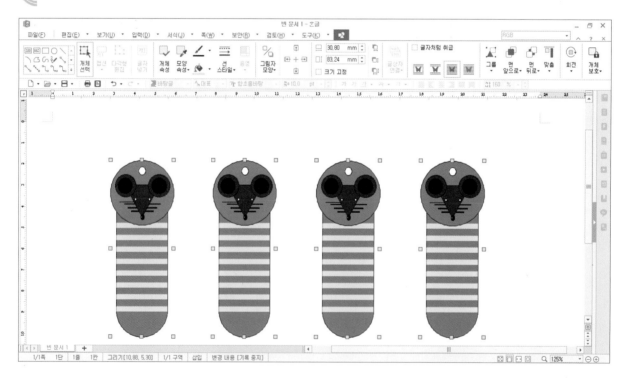

**01** Esc 키를 눌러 선택을 해제한 후 두 번째 개체 묶음을 선택합니다. [도형(🖼)] 탭-[그룹 (🗽)]을 클릭한 후 [개체 풀기]를 선택합니다.

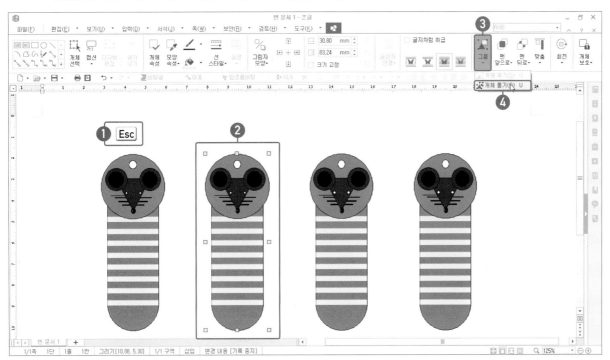

**02** Esc 키를 눌러 선택을 해제한 후 '쥐' 개체를 선택한 후 Delete 키를 눌러 삭제합니다.

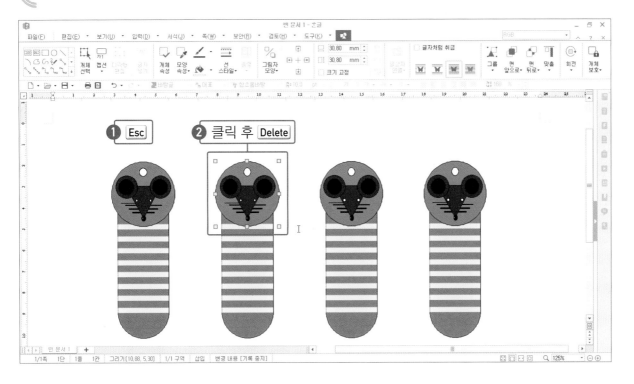

**01**   새로운 그리기 조각을 불러오기 위해 [편집] 탭–[그리기마당(🖼)]을 클릭합니다.

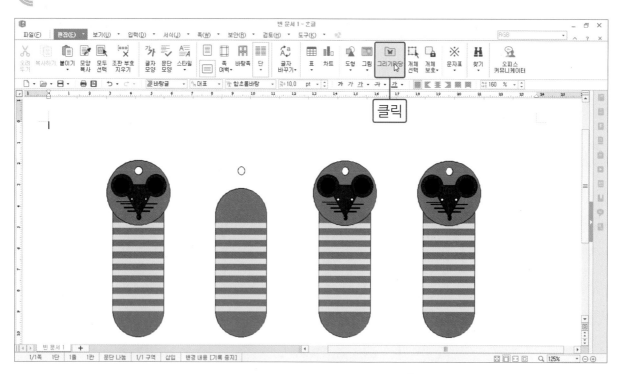

**02**   [그리기마당] 대화상자가 나타나면 [그리기 조각] 탭의 '아이콘(동물)' 꾸러미의 [개체 목록]에서 '돼지'를 선택하고 [넣기] 버튼을 클릭합니다.

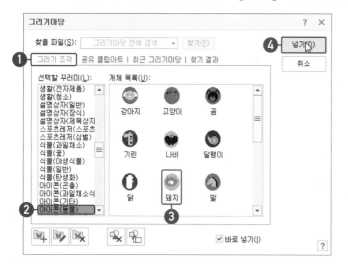

**03** 드래그하여 '돼지' 개체를 삽입한 후, [도형(🖼)] 탭-[선 색(✐·)]의 아이콘 부분(✐)을 클릭하여 개체의 선 색을 검정으로 설정합니다. 흰색 구멍을 보이게 하기 위해 '돼지' 개체가 선택되어 있는 상태에서 [도형(🖼)] 탭-[맨 뒤로]를 클릭한 후 [뒤로]를 선택합니다.

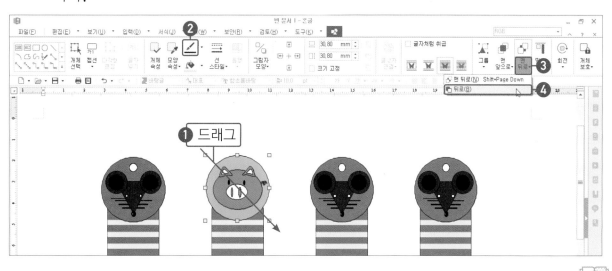

앞의 과정에서 쥐 개체의 테두리 선 색을 설정할 때 이미 '검정'으로 설정했기 때문에 선 색의 정보가 남아 있습니다. 아이콘 그림 아래쪽을 보면 설정되어 있는 선 색을 알 수 있습니다.

▲ 검정　　▲ 루비색　　▲ 노른자색

**04** '돼지' 개체 아래의 모서리가 반원인 주황색 도형을 선택한 후, [도형(🖼)] 탭-[채우기(🎨·)]의 ▾를 클릭하고 [색 골라내기(✐)]를 선택합니다. 마우스 포인터의 모습이 스포이드 모양으로 변경되면 '돼지' 개체의 바탕 부분을 클릭합니다.

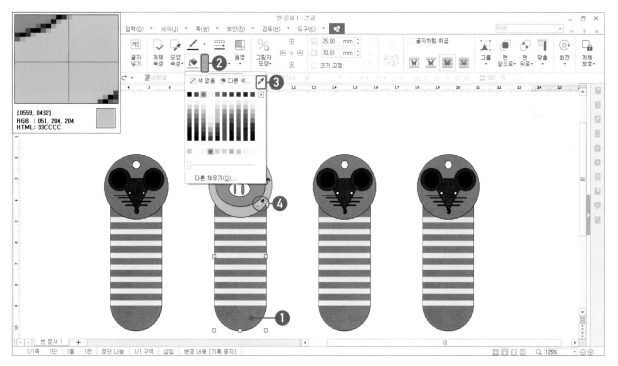

**05** 선택되어 있던 도형의 색이 변경됩니다. 나머지 두 개체 묶음들도 같은 방법으로 그리기 조각을 '소' 개체와 '말' 개체로 변경하고, 아래쪽 도형의 색을 변경합니다. '소'와 '말' 개체 아래 도형의 노란색 직사각형은 모두 삭제하고 타원 도형으로 흰색 원을 그려서 꾸며 봅니다.

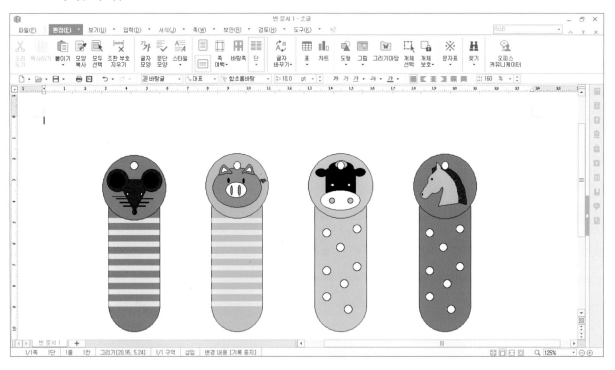

•••• ——
Step **08** **글상자로 제목 입력하기**

**01** [편집] 탭-[도형( )]을 클릭한 후 [가로 글상자( )]를 선택합니다.

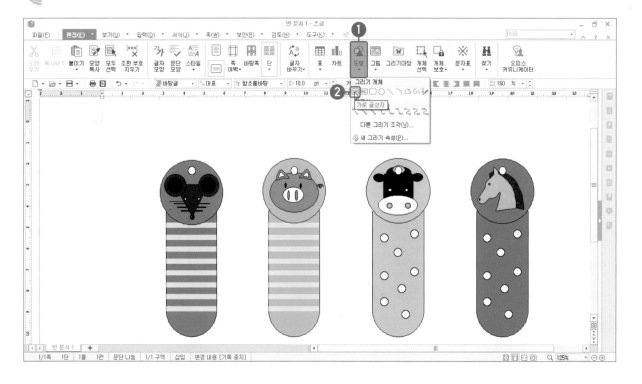

**02** 책갈피 아래쪽에 드래그하여 가로 글상자를 삽입합니다.

**03** 서식 도구 상자에서 [글꼴]은 '휴먼매직체', [글자 크기]는 '32pt', [글자 색]은 오피스 테마의 '초록 (RGB:0,128,0)'으로 설정하고, [가운데 정렬(▤)]을 클릭한 후 가로 글상자 안에 '동물 모양 책갈피'라고 입력합니다.

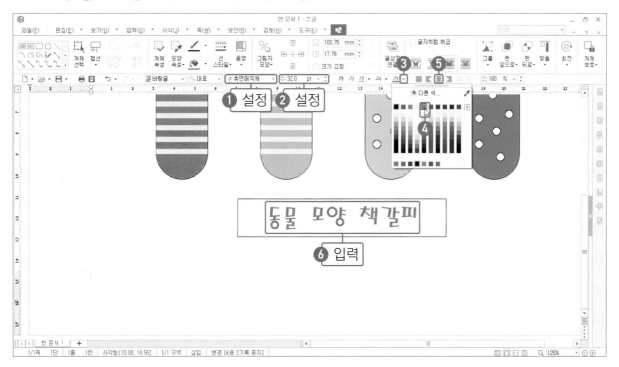

**04** 가로 글상자의 테두리 선을 없애기 위해 [도형(▣)] 탭-[선 스타일(▤)]을 클릭한 후 [선 종류]-[선 없음]을 선택합니다.

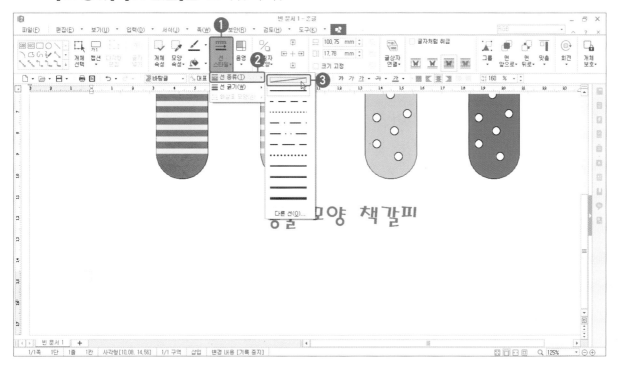

**05** 서식 도구 상자에서 [저장하기(▤)]를 클릭해 '책갈피'라는 파일 이름으로 저장합니다.

**1** 그리기마당을 이용하여 다음과 같은 별 모양을 작성한 후, '별.hwp'로 저장해 봅니다.

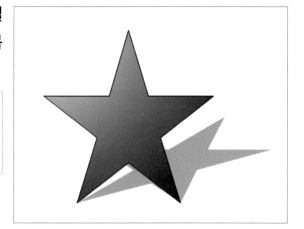

- 그리기마당 : 포인트가 5개인 별
- 채우기 : 그러데이션(유형–하늬바람, 원형)
- 그림자 모양 : 오른쪽 뒤

**힌트**
- 별 모양 : [그리기마당] 대화상자의 '별 및 현수막' 꾸러미에서 선택
- 그러데이션으로 채우기 : [도형(📌)] 탭–[채우기(📊)]의 🔽를 클릭 → [다른 채우기]를 선택 → [개체 속성] 대화상자에서 [채우기] 탭의 [그러데이션]을 클릭 → [유형]에서 '하늬바람' 선택

**2** 도형을 이용하여 다음과 같이 작성한 후, '마름모글상자.hwp'로 저장해 봅니다.

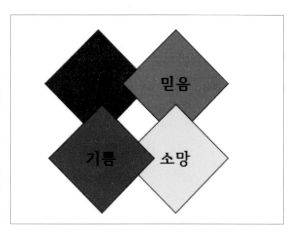

- 색 : [오피스 테마]–보라(RGB:128,0,128),
  [오피스 테마]–주황(RGB:255,102,0),
  [오피스 테마]–노랑(RGB:255,255,0),
  [오피스 테마]–파랑(RGB:0,0,255)
- 선 굵기 : 0.4mm
- 글자 모양 : 함초롬바탕, 24pt, 진하게

**힌트** 도형 배치 : 보라색 도형 → 주황색 도형 → 노란색 도형 → 파란색 도형 순서로 앞에 배치

# 광고지 만들기

**학습 포인트**

- 글맵시 삽입
- 글자처럼 취급
- 그림 삽입
- 글 뒤로 배치
- 쪽 배경 삽입
- 쪽 테두리

이번 장에서는 글맵시를 통해 제목글을 꾸미고, 그림 삽입, 글상자 등으로 멋진 광고지를 만들어 보겠습니다. 더불어 문서 전체에 그림을 삽입하여 자칫 밋밋할 수 있는 용지를 꾸며 주고, 문서 테두리에 선 하나를 삽입하여 문서에 어울리게 꾸며 보도록 하겠습니다.

◉ 준비파일 : 배경.jpg, 컴퓨터.png
◉ 완성파일 : 광고지.hwp

## Step 01    글맵시 삽입하기

'글맵시' 기능은 글자를 구부리거나 글자에 외곽선, 면 채우기, 그림자, 회전 등의 효과를 주어 제목글 등을 꾸밀 때 쉽고 빠르게 활용할 수 있습니다. [입력] 탭-[글맵시( 글맵시 )]를 클릭하여 모양을 선택한 후, [글맵시 만들기] 대화상자가 나타나면 입력하여 삽입합니다.

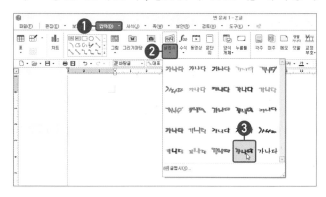

## Step 02    그림 삽입하기

[편집] 탭-[그림]을 클릭하여 [그림 넣기] 대화상자가 나타나면 그림 파일의 경로와 그림 파일 이름을 지정한 다음 [넣기] 버튼을 클릭합니다.

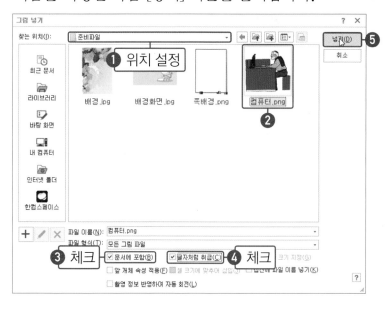

**01** 한글을 실행한 후 [입력] 탭–[글맵시(글맵시)]에서 [글맵시]를 선택합니다.

**02** [글맵시 만들기] 대화상자가 나타나면 [내용]에 '컴퓨터교실 모집 안내'라고 입력한 후 [글꼴]은 'HY헤드라인M'으로 설정합니다. [글맵시 모양]의 ▨을 클릭하여 ▨(위쪽 수축)을 선택한 후 [설정] 버튼을 클릭합니다.

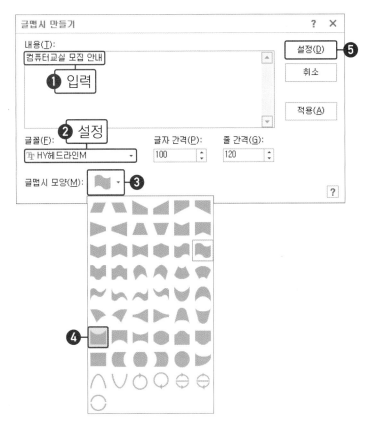

**03** 글맵시가 선택된 상태에서 [글맵시(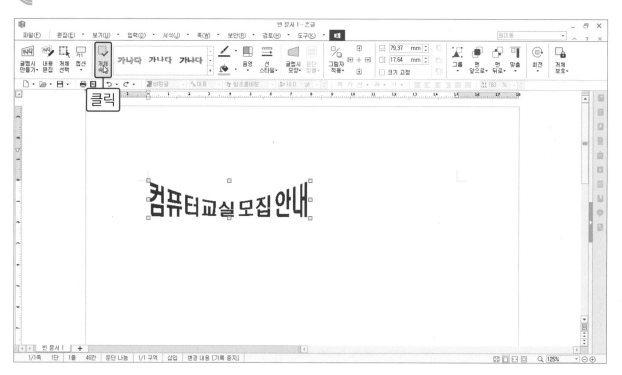)] 탭-[개체 속성(⬇)]을 클릭합니다.

**04** [개체 속성] 대화상자가 나타나면 [기본] 탭의 [크기]에서 [너비]는 '143mm', [높이]는 '34mm'로 설정하고, [위치]의 '글자처럼 취급'에 체크합니다. [선] 탭에서 [색]은 기본 테마의 '검정(RGB:0,0,0)', [종류]는 '실선', [굵기]는 '0.5mm'로 설정합니다.

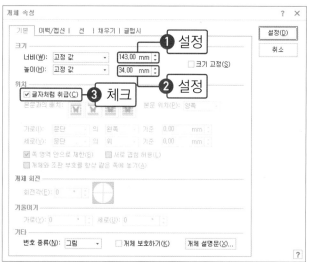
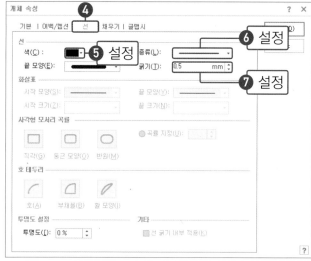

**글자처럼 취급**

[위치]의 '글자처럼 취급' 속성을 적용한 경우 글맵시 개체를 보통 글자와 동일하게 취급하기 때문에 글을 입력하거나 지우게 되면 글맵시 개체의 위치도 같이 변하게 됩니다.

**05** [채우기] 탭의 [채우기]에서 '그러데이션'을 선택한 후 [시작 색]은 기본 테마의 '하양 (RGB:255,255,255)'으로, [끝 색]은 임의의 색(여기서는 'RGB:97,130,214')으로 설정하고, [유형]은 '수평', ▓(줄무늬)를 선택합니다. [글맵시] 탭에서 [그림자]를 '비연속'으로 선택한 후 [색]은 기본 테마의 '검정(RGB:0,0,0) 90% 밝게'로, [X 위치]와 [Y 위치]는 각각 '1%'로 설정하고 [설정] 버튼을 클릭합니다.

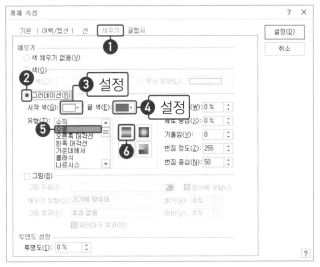 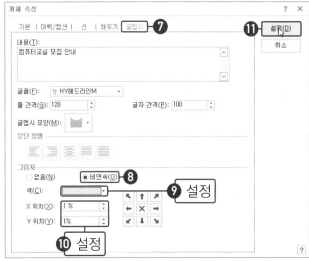

---

**다양한 색 선택하기**

▶(색상 테마)를 클릭하여 표시되는 색 팔레트의 테마를 변경한 후 선택하거나 ●다른색...을 클릭한 후 선택할 수 있습니다.

---

**06** Esc 키를 누르거나 글맵시 개체 뒤쪽 빈 공간을 클릭하여 글맵시 선택을 해제하고, 서식 도구 상자에서 [가운데 정렬(▦)]을 클릭하면 글자처럼 글맵시가 정렬됩니다.

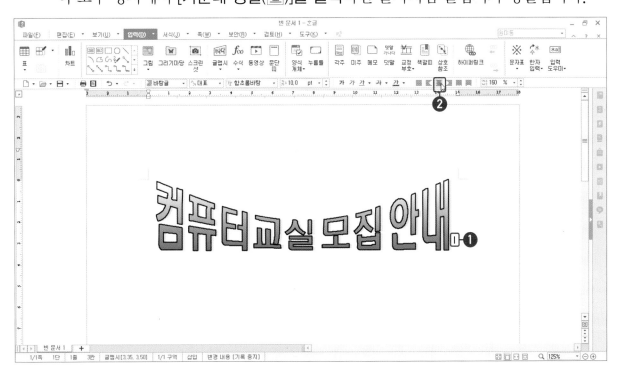

**01** 글맵시를 하나 더 만들기 위해 [입력] 탭–[글맵시(글맵시)]–[글맵시]를 선택합니다.

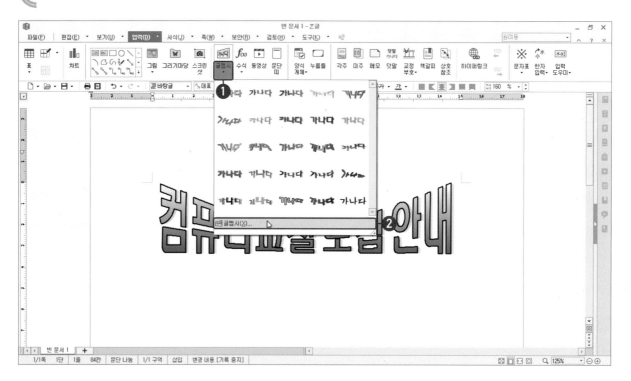

**02** [글맵시 만들기] 대화상자의 [내용]에 '복지관에서 함께하는 Enter 컴퓨터 교실 Enter 미래로의 컴퓨터 세상!'이라 입력한 후 [글꼴]은 'HY헤드라인M'으로 설정합니다. [글맵시 모양]은 ⊖(세 줄 원형 1)로 설정한 후 [설정] 버튼을 클릭합니다.

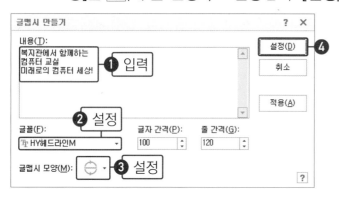

**03** 삽입된 원형 글맵시를 드래그하여 오른쪽 아래로 이동합니다. 개체 속성을 변경하기 위해 [글맵시(🅰)] 탭-[개체 속성(🔲)]을 클릭합니다.

**04** [개체 속성] 대화상자가 나타나면 [기본] 탭의 [크기]에서 [너비]와 [높이]를 각각 '52mm'로 설정하고, [채우기] 탭의 [색]에서 [면 색]은 오피스 테마의 '빨강(RGB:255,0,0)'으로 설정합니다.

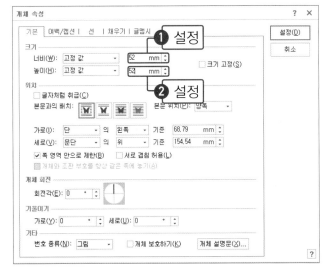

**05** [글맵시] 탭의 [문단 정렬]은 ▤(가운데 정렬)을 선택하고 [설정] 버튼을 클릭합니다.

**06** 빨간색의 원형 글맵시로 변경되었습니다.

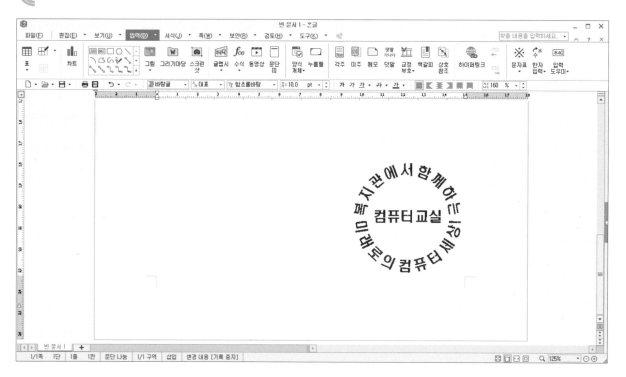

**01** [편집] 탭-[그림(그림)]에서 [그림]을 클릭합니다.

**02** [그림 넣기] 대화상자가 나타나면 '컴퓨터.png'를 찾아 선택한 후 '문서에 포함'과 '글자 처럼 취급'에 체크하고 [넣기] 버튼을 클릭합니다.

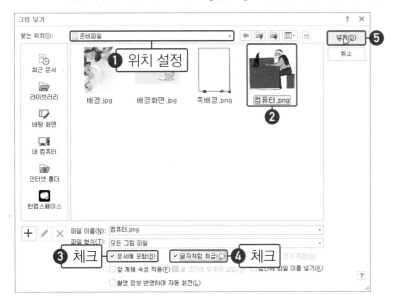

**문서에 포함**

문서에 그림을 넣을 때, 그림 파일을 문서 파일 안에 완전히 포함시킬 것인지 외부 그림 파일에 연결만 할 것 인지 선택할 수 있습니다. '문서에 포함' 속성에 체크하면 그림 파일이 문서 파일 안에 함께 저장되므로 그림 파일을 따로 보관하지 않아도 됩니다.

**03** 그림이 삽입되면 Enter 키를 눌러 글맵시 아래에 2개의 빈 줄을 삽입하고 삽입된 그림을 4번째 줄에 배치합니다.

---

Step **04**  글상자 넣기

**01** [편집] 탭–[도형(🔺)]–[가로 글상자(▤)]를 클릭합니다.

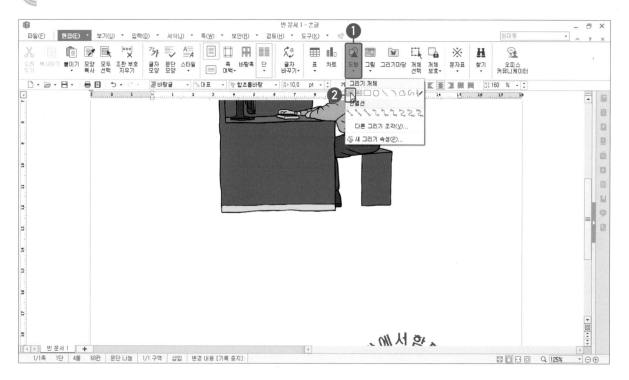

**02** 삽입된 그림 아래쪽에 드래그하여 다음처럼 가로 글상자를 삽입합니다.

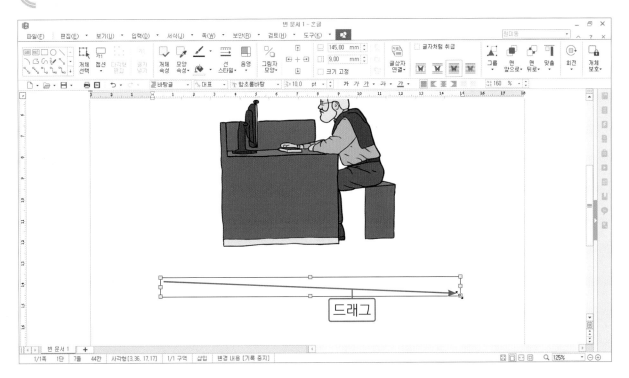

**03** [도형(📷)] 탭–[채우기(🖌)]의 ▾를 클릭하여 임의의 색(여기서는 'RGB:255,215,0')을 선택합니다.

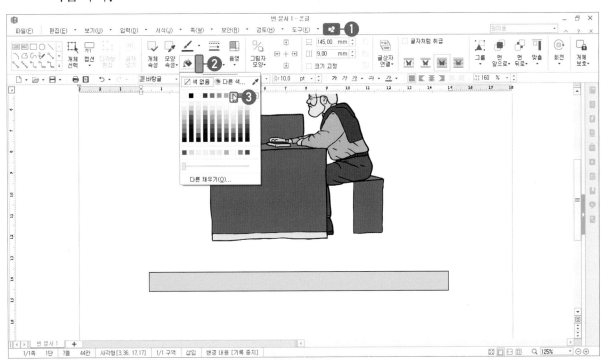

**04** [도형(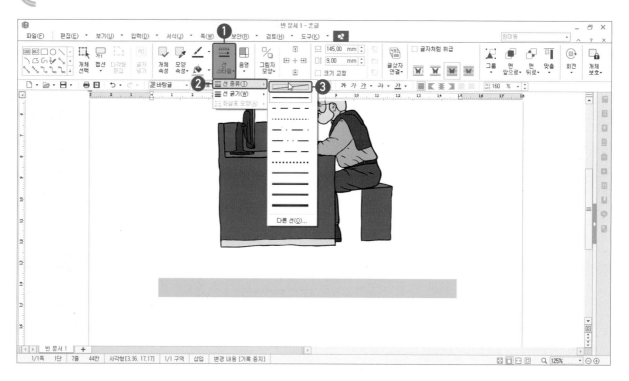)] 탭–[선 스타일(☰)]에서 [선 종류]–[선 없음]을 선택합니다.

**05** 글상자 안에 커서를 둔 상태로 [편집] 탭–[문자표(문자표)]에서 [문자표]를 선택합니다. [문자표 입력] 대화상자가 나타나면 [한글(HNC) 문자표] 탭을 클릭한 후 '전각 기호(일반)'에서 '●'를 선택합니다. [넣기] 버튼을 클릭합니다.

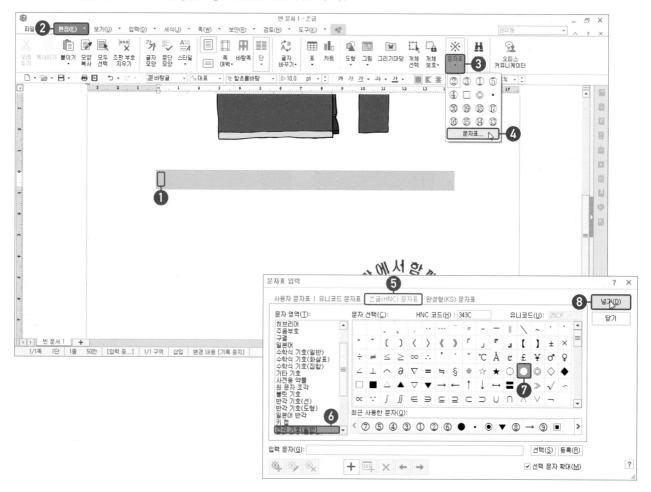

**06** 글상자 안에 '●'이 삽입된 후 다음처럼 나머지 텍스트를 입력합니다.

● 일시 : 2020년 9월 ~ 11월 매주 월, 수 오전 10시

**07** 글상자를 선택하고 Ctrl 키와 Shift 키를 누른 채 드래그를 4번 반복하여 수직으로 글상자를 복사합니다.

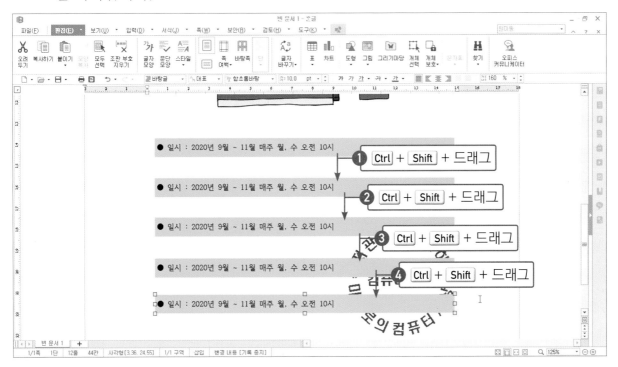

**08** Shift 키를 누른 채 글상자를 차례차례 클릭하여 모두 선택합니다. [도형(　)] 탭-[맞춤(　)]-[세로 간격을 동일하게]를 선택합니다.

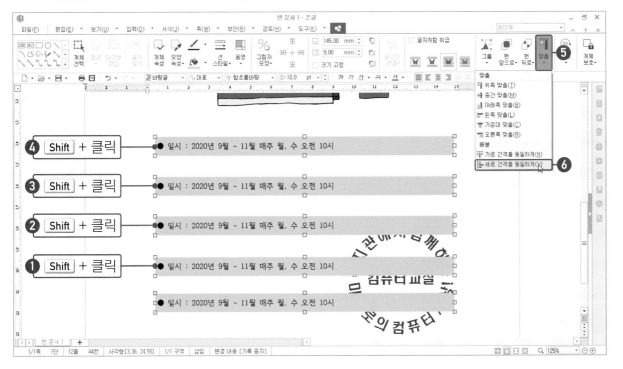

**09** Esc 키를 누르거나 빈 곳을 클릭해 선택을 해제합니다. 5번째 글상자를 클릭한 후 Shift 키를 누른 채 4번째 글상자를 클릭하고, 크기 조절점을 왼쪽으로 드래그하여 아래쪽의 원형 글맵시가 보이게 조정합니다.

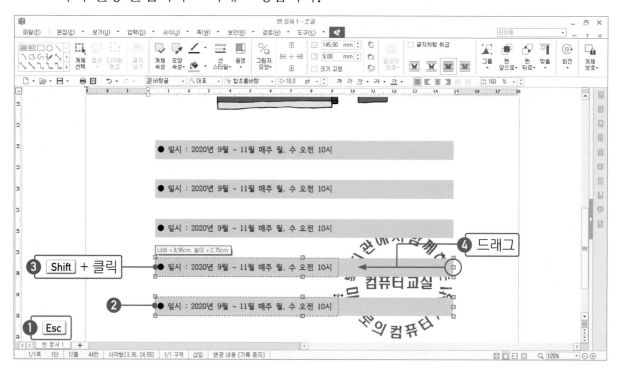

**10** 3번째 글상자를 선택한 후 [도형(🔲)] 탭에서 [글 뒤로(▼)]를 클릭해 글맵시보다 뒤로 이동합니다.

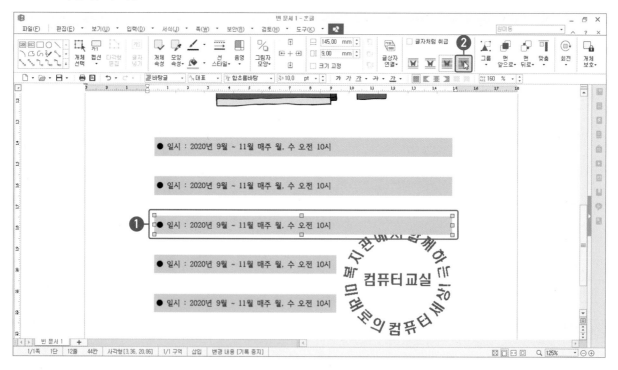

**11** 다음과 같이 2~5번째 글상자의 내용을 수정합니다.

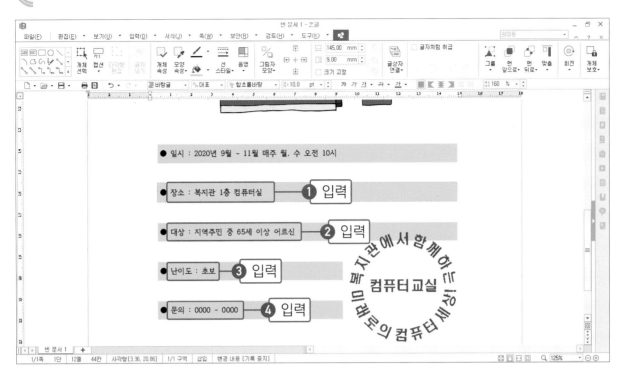

Step **05** 쪽 배경 넣기

**01** [쪽] 탭-[쪽 테두리/배경(▣)]을 클릭합니다.

**02** [쪽 테두리/배경] 대화상자가 나타나면 [배경] 탭을 클릭한 후 '그림'을 체크하고 📰(그림 선택)을 클릭합니다. [그림 넣기] 대화상자가 나타나면 '배경.jpg'를 선택한 후, '문서에 포함' 속성이 체크되어 있는지 확인하고 [넣기] 버튼을 클릭합니다. [쪽 테두리/배경] 대화상자의 [설정] 버튼을 클릭합니다.

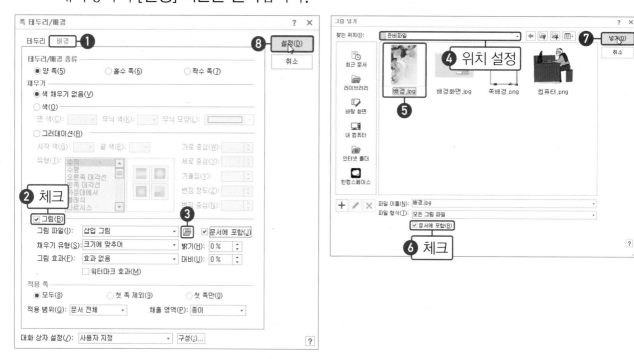

**03** 문서 배경에 그림이 삽입되었습니다. 테두리를 넣기 위해 [쪽] 탭-[쪽 테두리/배경(📰)]을 클릭합니다.

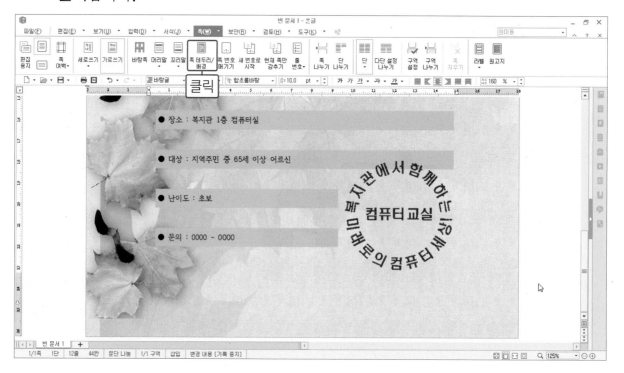

**04** [쪽 테두리/배경] 대화상자가 나타나면 [테두리] 탭의 [테두리]에서 [종류]는 '이중 실선', [굵기]는 '0.5mm', [색]은 '하양(RGB:255,255,255)'으로 설정한 후 ☐(모두)를 클릭합니다. [위치]에서는 '쪽 기준'을 선택한 후 [왼쪽], [오른쪽], [위쪽], [아래쪽]을 각각 '15mm'로 설정하고 [설정] 버튼을 클릭합니다.

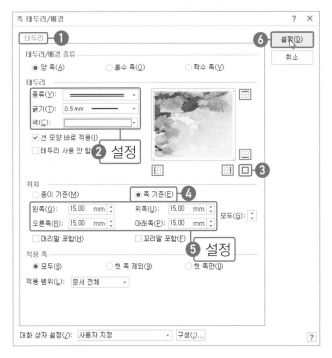

**05** 쪽 전체에 흰색 이중 실선으로 테두리가 생긴 것을 확인할 수 있습니다.

**06** 서식 도구 상자의 [저장하기(☐)]를 클릭해 지금까지의 작업을 '광고지'라는 파일 이름으로 저장합니다.

**1** 글맵시와 그리기마당을 활용하여 다음과 같이 만든 후, '불조심.hwp' 파일로 저장해 봅니다.

- 편집 용지 : A4, 가로
- 쪽 배경 : 그러데이션(유형–블랙홀, 원형)

- 글꼴 : HY견고딕
- 글맵시 모양 : ◯(두 줄 원형)
- 채우기(면 색) : 임의의 색(RGB:255,132,58)
- 너비, 높이 : 100mm

- ◯(두 줄 원형) 글맵시를 만들기 위해서는 [입력] 탭–[글맵시(📝)]를 클릭해 [글맵시 만들기] 대화상자를 호출하여 작성합니다.
- 글맵시의 채우기 색상은 [개체 속성] 대화상자의 [채우기] 탭에서 설정하고, 글맵시의 너비와 높이는 [개체 속성] 대화상자의 [기본] 탭에서 설정합니다.
- [그리기마당] 대화상자에서 [공유 클립아트]의 '산업직종' 꾸러미에서 '소방대'를 찾아 선택하거나 [찾을 파일]에 '소방대'를 입력하여 찾아 선택합니다.

**2** 글맵시와 그림을 활용하여 다음과 같이 만든 후, '홍보전단지.hwp' 파일로 저장해
봅니다.

준비파일 배경화면.jpg

• '채우기 – 없음, 직사각형 모양' 글맵시 적용

• 편집 용지 : A4, 가로
• 쪽 배경 : 그림(배경화면.jpg)
• 쪽 테두리 : 종류 '일점쇄선', 굵기 '0.2mm',
  색 '[기본 테마]–검정(RGB:0,0,0)', 위치(왼쪽,
  오른쪽, 위쪽, 아래쪽) '10mm'

• '채우기 – 하늘색 그러데이션, 갈매기형 수장 모양' 글맵시 적용
• 글맵시 모양 : ▨(물결 2)

**힌트** 글맵시는 [입력] 탭–[글맵시(📜)]에서 선택합니다. 선택하면 이미지 꾸러미에서 원하는 모양을
선택할 수 있습니다. 선택한 모양을 [글맵시(🔳)] 탭–[내용 편집(📝)]에서 내용이나 글맵시 모양
등을 변경할 수 있습니다.

# 06 안내문 만들기

**학습 포인트**

- 문단 첫 글자 장식
- 표 삽입
- 셀 배경색
- 셀 크기 조정
- 표 여백 설정
- PDF 파일로 저장

표를 사용하면 복잡한 내용이나 수치 자료를 깔끔하게 정리할 수 있습니다. 이번 장에서는 표를 삽입하고, 표 및 셀의 크기를 조절하는 방법, 셀 서식을 적용하는 방법에 대해 알아봅니다. 또한 한글 문서를 PDF 파일로 변환하는 방법에 대해서도 살펴보도록 하겠습니다.

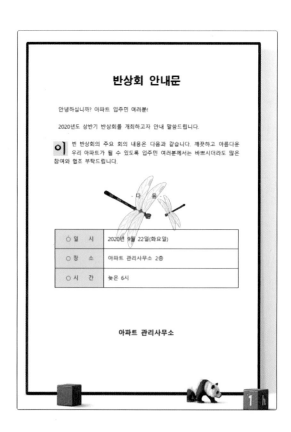

ⓒ 준비파일 : 쪽배경.png

ⓒ 완성파일 : 반상회안내문.hwp, 반상회안내문.pdf

# 표 삽입 방법 살펴보기

## Step 01 표 구성 살펴보기

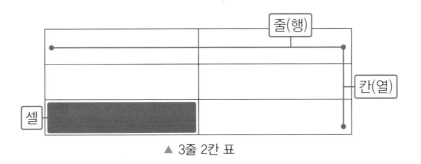

▲ 3줄 2칸 표

## Step 02 표 삽입하기

[편집] 탭 – [표(⊞)]를 클릭하면 표의 줄 수와 칸 수를 직접 드래그하여 설정할 수 있습니다.

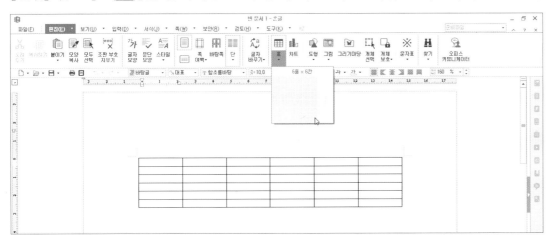

[표(⊞)]를 클릭하면 나타나는 [표 만들기] 대화상자에서 줄 수와 칸 수를 입력하여 만들 수도 있습니다.

**셀 블록 지정 및 크기 조정하기**

표 안에 커서를 위치시킨 후 F5 키를 누르면 커서가 있던 셀이 블록으로 지정되고, F5 키를 3
번 누르면 표 전체가 블록으로 지정됩니다. 셀들을 드래그하여 블록을 지정할 수도 있으며, 셀
을 블록으로 지정한 후 떨어져 있는 다른 셀들을 추가로 선택하려면 Ctrl 키를 누른 채 클릭하거
나 드래그합니다. Esc 키를 누르면 셀 블록을 해제할 수 있습니다.

▲ F5 키 : 1번    ▲ F5 키 : 3번    ▲ Ctrl + 클릭

블록을 지정한 후 Ctrl 키나 Shift 키를 누른 채 방향키를 누르거나 드래그하여 크기를 조정할
수도 있습니다.

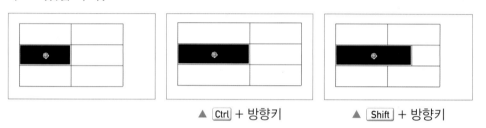

▲ Ctrl + 방향키    ▲ Shift + 방향키

**표 편집하기**

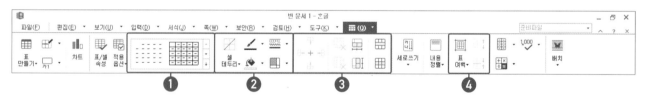

❶ **스타일** : 미리 설정되어 있는 셀 속성을 한 번에 설정할 수 있습니다.

❷ **셀 속성** : 셀 테두리의 굵기, 색, 선 종류, 굵기, 적용 위치를 설정할 수 있습니다. 단색,
그러데이션, 무늬, 그림 등으로 셀 배경색을 채울 수 있습니다.

❸ **줄/칸 편집** : 줄이나 칸을 추가하거나 삭제할 수 있습니다. 선택된 셀의 너비나 높이를
동일하게 맞출 수도 있으며, 셀을 나누거나 합칠 수 있습니다.

❹ **표 편집** : 바깥 여백이나 셀 안쪽 여백을 설정할 수 있습니다. 표를 나누거나 합칠 수도
있습니다.

**Step 01**　글자와 문단 모양 꾸미기

**01**　한글을 실행한 후 빈 문서에 다음처럼 입력합니다.

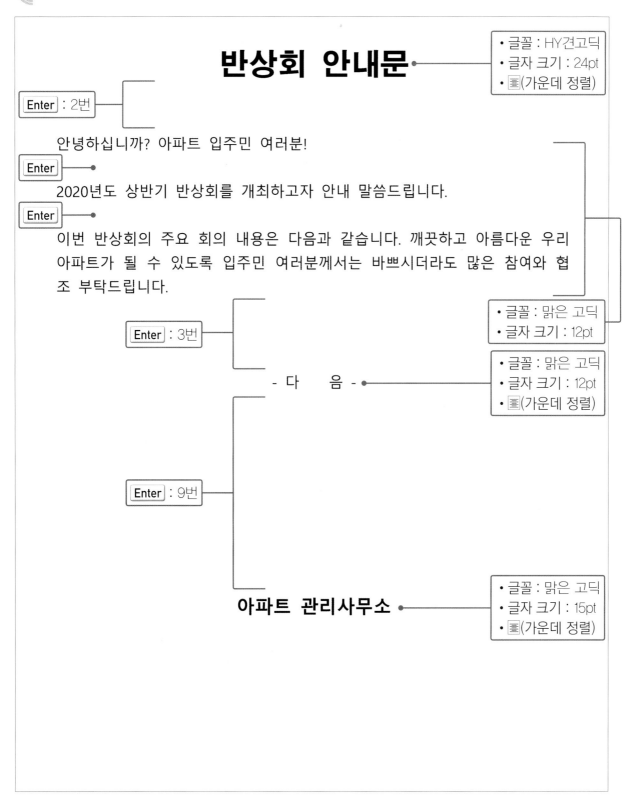

# 반상회 안내문

- 글꼴 : HY견고딕
- 글자 크기 : 24pt
- ▤(가운데 정렬)

Enter : 2번

안녕하십니까? 아파트 입주민 여러분!

Enter

2020년도 상반기 반상회를 개최하고자 안내 말씀드립니다.

Enter

이번 반상회의 주요 회의 내용은 다음과 같습니다. 깨끗하고 아름다운 우리 아파트가 될 수 있도록 입주민 여러분께서는 바쁘시더라도 많은 참여와 협조 부탁드립니다.

- 글꼴 : 맑은 고딕
- 글자 크기 : 12pt

Enter : 3번

- 다　　음 -

- 글꼴 : 맑은 고딕
- 글자 크기 : 12pt
- ▤(가운데 정렬)

Enter : 9번

**아파트 관리사무소**

- 글꼴 : 맑은 고딕
- 글자 크기 : 15pt
- ▤(가운데 정렬)

**02** 다음처럼 4번째 줄부터 10번째 줄까지 드래그하여 블록으로 지정한 후 [편집] 탭-[문단 모양(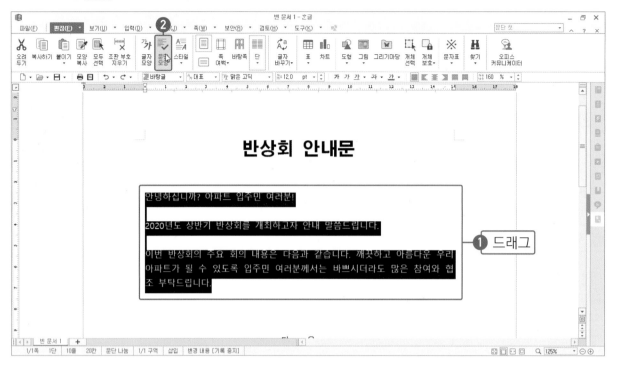)]을 클릭합니다.

**03** [문단 모양] 대화상자가 나타나면 [기본] 탭의 [첫 줄]에서 '들여쓰기'를 선택한 후 '10pt'로 설정하고, [설정] 버튼을 클릭합니다.

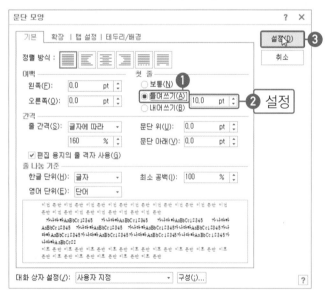

**04** '이번' 앞을 클릭한 후 [서식] 탭의 ▾를 클릭하여 [문단 첫 글자 장식]을 선택합니다.

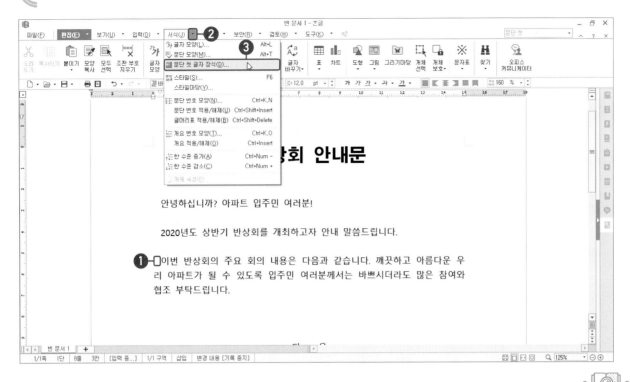

> 문단 첫 글자 장식을 하려는 곳에 커서를 두고 기능을 실행해야 합니다. 블록이 지정되어 있으면 [문단 첫 글자 장식] 메뉴가 비활성화됩니다.

**05** [문단 첫 글자 장식] 대화상자가 나타나면 [모양]은 '2줄', [글꼴]은 'HY견명조', [면 색]은 오피스 테마의 '노랑(RGB:255,255,0)'으로 설정한 후 [설정] 버튼을 클릭합니다. 문단 첫 글자가 노란색으로 장식되어 나타납니다.

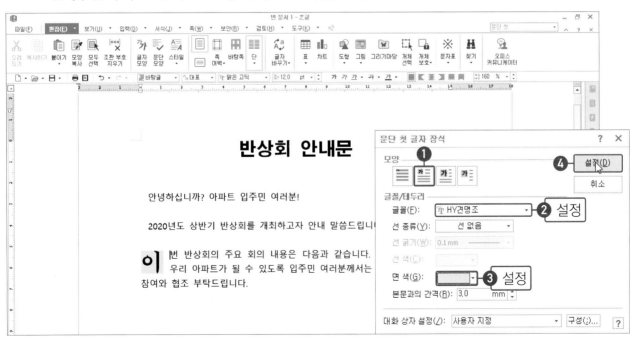

**01**   18번째 줄을 클릭한 후 [편집] 탭-[표(⊞)]를 클릭합니다.

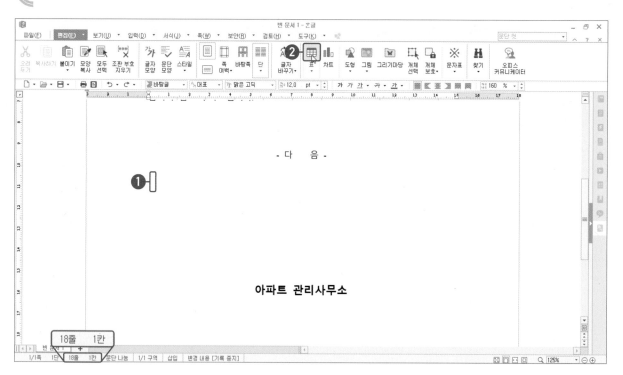

**02**   [표 만들기] 대화상자가 나타나면 [줄 수]는 '3', [칸 수]는 '2'로 설정하고 '글자처럼 취급'에 체크한 후 [만들기] 버튼을 클릭합니다.

**03** 표가 삽입되면 **표를 선택**한 후, 서식 도구 상자에서 글꼴은 '맑은 고딕', 글자 크기는 '12pt'로 설정합니다. 각 셀을 클릭하여 다음과 같이 입력합니다.

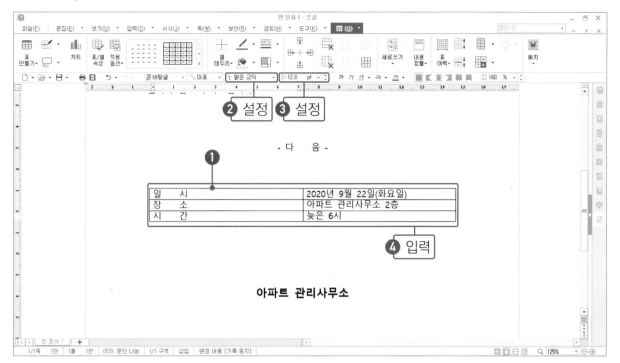

**04** 1칸을 드래그하여 블록으로 지정한 후 Shift + ← 키를 여러 번 눌러서 셀 크기만 줄여 줍니다. 서식 도구 상자에서 [가운데 정렬(▤)]을 클릭합니다.

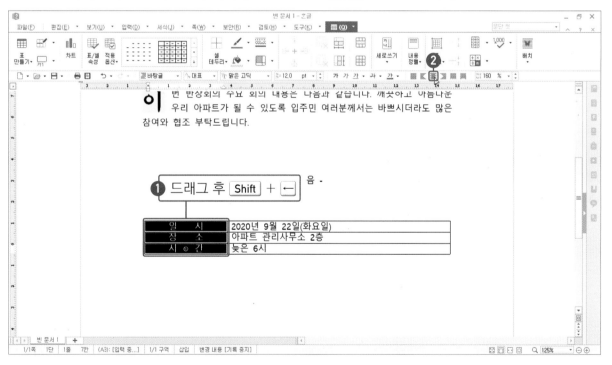

**05** 드래그하여 모든 셀을 블록으로 지정한 후 Ctrl + ↓ 키를 여러 번 눌러서 다음처럼 표 크기와 셀 크기를 동시에 늘려 줍니다.

**06** [표( ▦ (Q) ▾ )] 탭–[표 여백( ▦ )]에서 [표 여백 설정]을 선택합니다.

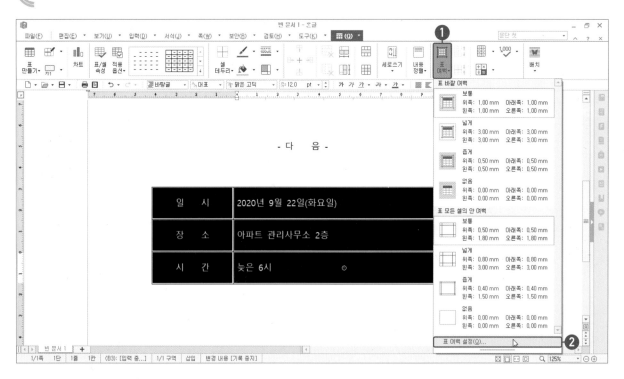

**07** [표/셀 속성] 대화상자가 나타나면 [셀] 탭에서 '안 여백 지정'을 체크하고, [왼쪽]과 [오른쪽]은 '3mm'로, [위쪽]과 [아래쪽]은 '2mm'로 설정한 후 [설정] 버튼을 클릭합니다.

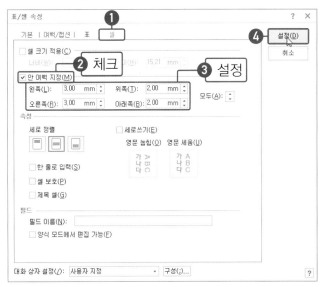

**08** '일'자 앞을 클릭한 후 Ctrl + F10 키를 누릅니다.

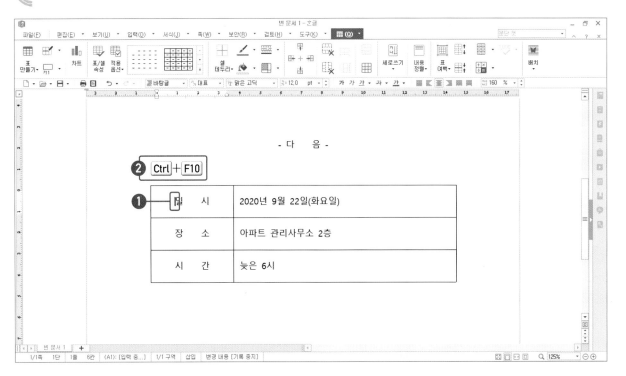

**09** [문자표 입력] 대화상자가 나타나면 [한글(HNC) 문자표] 탭을 선택한 후 [문자 영역]에서 '전각 기호(일반)'을 클릭합니다. [문자 선택]에서 '○'를 선택한 후 [넣기] 버튼을 클릭합니다.

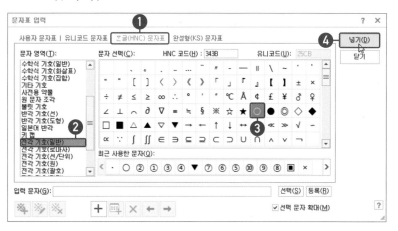

**10** 같은 방법으로 '장소'와 '시간' 앞에도 '○' 기호를 추가합니다.

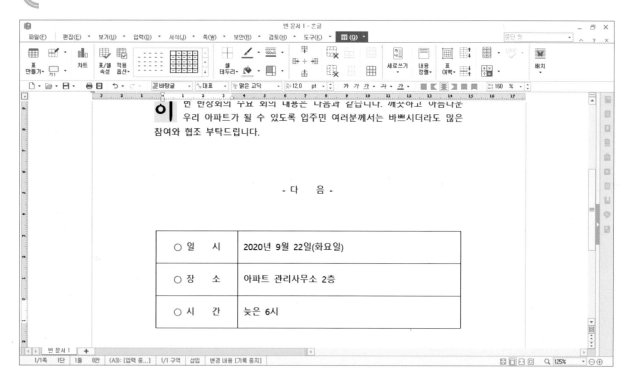

**11** 1칸을 드래그하여 블록으로 지정한 후 [표(▼)] 탭-[셀 배경 색()]의 ▼를 클릭하여 오피스 테마의 '노랑(RGB:255,255,0)'을 선택합니다.

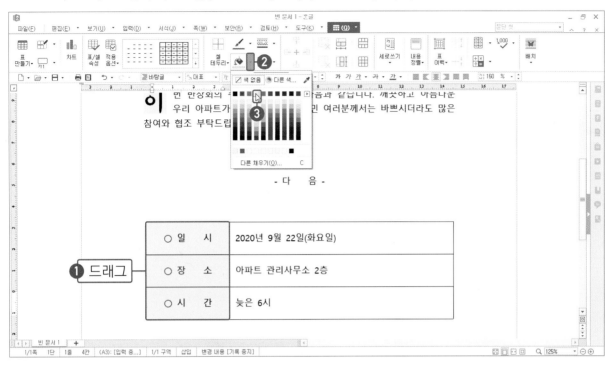

## Step 03 　배경 꾸미기

**01** 표 밖을 클릭하여 커서를 이동한 후 [편집] 탭-[그리기마당(![그리기마당])]을 클릭합니다.

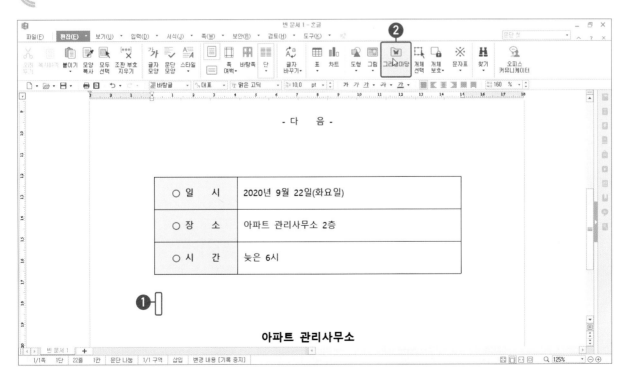

**02** [그리기마당] 대화상자가 나타나면 [찾을 파일]에 '가을'을 입력하고 [찾기] 버튼을 클릭합니다. 가을과 관련된 이미지 중 '잠자리'를 선택하고 [넣기] 버튼을 클릭합니다.

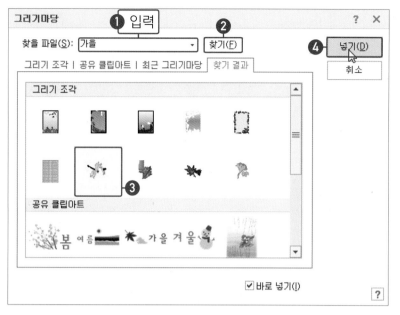

**03** 드래그하여 알맞은 크기로 설정하여 삽입한 후 [도형(▨)] 탭–[글 뒤로(▤)]를 클릭합니다.

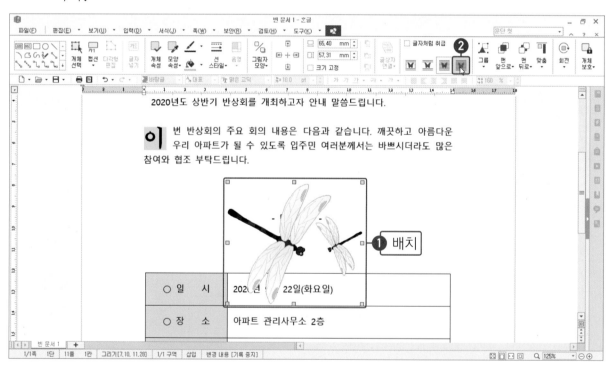

**04** '잠자리' 개체가 글 뒤로 이동합니다. 쪽 전체에 그림을 삽입하기 위해 [쪽] 탭–[쪽 테두리/배경]을 클릭합니다.

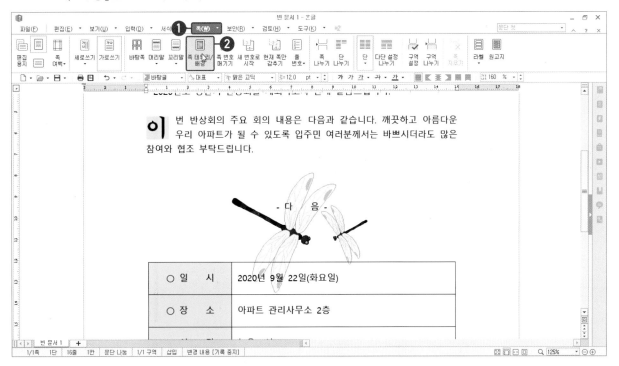

**05** [쪽 테두리/배경] 대화상자가 나타나면 [배경] 탭에서 '그림'에 체크하고 📁(그림 선택)을 클릭합니다. [그림 넣기] 대화상자가 나타나면 '쪽배경.png'를 선택하고 [넣기] 버튼을 클릭합니다. [쪽 테두리/배경] 대화상자의 [설정] 버튼을 클릭합니다.

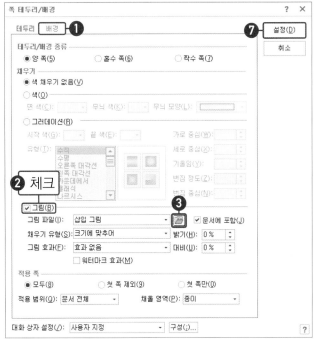

**06** 쪽 전체에 배경 그림이 삽입되었습니다. 서식 도구 상자의 [미리 보기(📋)]를 클릭합니다.

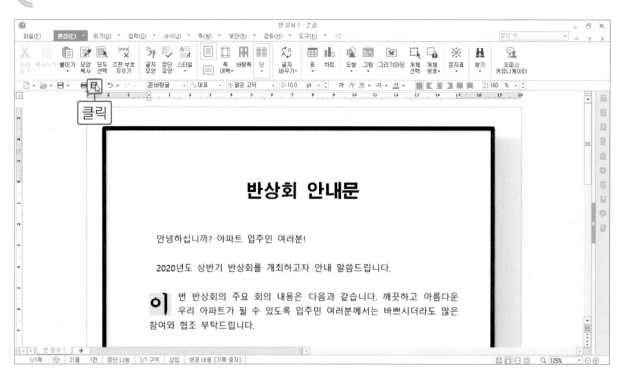

**07** 전체 문서의 구성을 확인한 후, [미리 보기] 탭-[닫기(🚪)]를 클릭합니다.

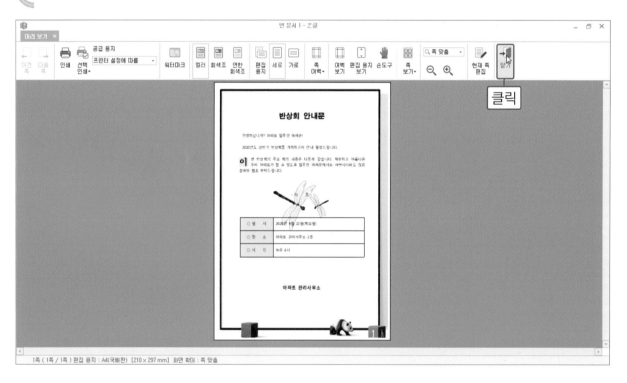

**01**　PDF로 저장하기 위해 [파일] 메뉴에서 [PDF로 저장하기]를 선택합니다.

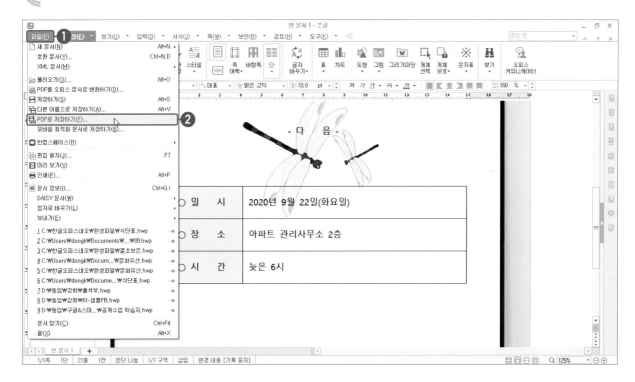

**02**　[PDF로 저장하기] 대화상자가 나타나면 저장 경로를 설정한 후 [파일 이름]에 '반상회 안내문'이라고 입력하고 [저장] 버튼을 클릭합니다.

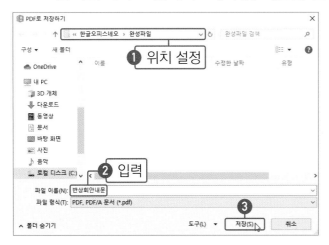

**03** PDF 파일을 저장한 폴더를 열고, 해당 파일을 더블 클릭합니다.

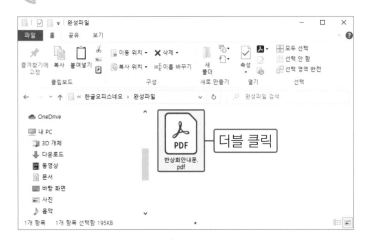

**04** PDF 파일을 확인할 수 있습니다.

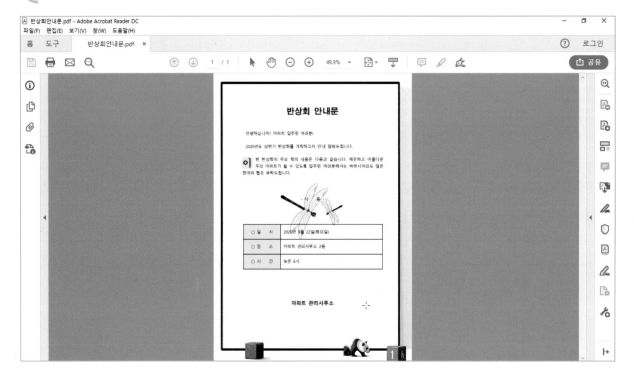

**1** 다음과 같은 스타일의 표를 만든 후, '주간점검.hwp'로 저장해 봅니다.

| | Sun | Mon | Tue | Wed | Thu | Fri |
|---|---|---|---|---|---|---|
| 아침 | ○ | ○ | ○ | ○ | ○ | ✕ |
| 점심 | ○ | ✕ | ○ | ○ | ○ | ○ |
| 저녁 | ○ | ○ | ○ | ○ | ✕ | ○ |

**HINT!**

- 글자 서식 : 함초롬바탕, 10pt, 가운데 정렬
- 표 삽입 : 4줄×7칸
- 표 스타일 : 기본 스타일 2 - 노란 색조

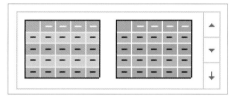

- [표] 탭-[셀 테두리]에서 [대각선 위], [대각선 아래]를 각각 선택해야 ✕ 모양의 대각선이 그려집니다.
- 1번째 줄의 내용은 [입력] 탭-[채우기]-[자동 채우기 내용]을 선택하여 빠르게 입력합니다.

**2** 표와 직사각형 도형을 활용하여 다음과 같은 모서리가 둥근 표를 만든 후, '모서리둥근표.hwp'로 저장해 봅니다.

| 구분 | 성 명 | 연락처 | 이메일 |
|---|---|---|---|
| 1 | | | |
| 2 | | | |
| 3 | | | |
| 4 | | | |
| 5 | | | |
| 6 | | | |

**HINT!**

- 글자 서식 : 함초롬바탕, 12pt, 진하게, 가운데 정렬
- 표 삽입 : 7줄×4칸
- 표의 외곽선을 '테두리 없음'으로 설정한 후, 표의 선 색(RGB:157,92,187)과 동일한 테두리 색을 가진 곡률 '5%'를 적용한 직사각형(□)을 겹쳐서 배치(글 뒤로 또는 글 앞으로)합니다.

**3** 그리기마당과 쪽 테두리를 활용하여 다음과 같이 작성한 후, '동시.hwp' 파일로 저장해 봅니다.

- 편집 용지 종류 : 사용자 정의(폭 '182mm', 길이 '170mm'),
- 편집 용지 여백 : 왼쪽 '25mm', 오른쪽 '25mm', 위쪽 '15mm', 아래쪽 '15mm', 머리말 '15mm', 꼬리말 '15mm'
- 글꼴 : 궁서체
- 글자 크기 : 20pt, 11pt, 13pt
- 그리기마당 : 사계 16, 글 뒤로
- 쪽 테두리 : 종류 '일점쇄선', 굵기 '0.2mm', 색 '파랑(RGB:0,0,255)', 위치 모두 '15mm'

**4** 문제 [3]에서 만든 문서를 '동시.pdf' 파일로 저장해 봅니다.

# 좋은 책을 만드는 길
# 독자님과 함께하겠습니다.

도서에 궁금한 점, 아쉬운 점, 만족스러운 점이
있으시다면 어떤 의견이라도 말씀해 주세요.
SD에듀는 독자님의 의견을 모아 더 좋은 책으로 보답하겠습니다.

## www.sdedu.co.kr

 **정보화 기초**(윈도우 10 / 인터넷(Microsoft Edge) / 한글 NEO)

| | |
|---|---|
| 초판 2쇄 발행 | 2022년 09월 30일 |
| 초 판 발 행 | 2019년 05월 16일 |
| 발 행 인 | 박영일 |
| 책 임 편 집 | 이해욱 |
| 저 자 | 정동임, IT교재연구팀 |
| 편 집 진 행 | 성지은 |
| 표지디자인 | 김도연 |
| 편집디자인 | 임옥경 |
| 발 행 처 | 시대인 |
| 공 급 처 | (주)시대고시기획 |
| 출 판 등 록 | 제 10-1521호 |
| 주 소 | 서울시 마포구 큰우물로 75 [도화동 538 성지 B/D] 9F |
| 전 화 | 1600-3600 |
| 팩 스 | 02-701-8823 |
| 홈 페 이 지 | www.sdedu.co.kr |
| I S B N | 979-11-254-9688-5(13000) |
| 정 가 | 14,000원 |